EDUCAR MILLOR

EDUCAR MILLOR

ONZE CONVERSES PER ACOMPANYAR FAMÍLIES I MESTRES

Carles Capdevila

Carme Thió
Jaume Cela
Maria Jesús Comellas
Jaume Funes
Eva Bach
Gregorio Luri
Mariano Fernández Enguita
Joan Manuel del Pozo
Roser Salavert
José Antonio Marina
Francesco Tonucci

ARCÀDIA

Edició en col·laboració amb **ara.cat**

Primera edició: desembre del 2015

Muntaner, 3
08011 – Barcelona
www.arcadia-editorial.com

Fotografia de la coberta: Marc Rovira

Disseny de la coberta: Astrid Stavro / Atlas
Composició: Fotocomposición 2000
Impressió i enquadernació: Vila Artes Gráficas, SL

ISBN: 978-84-944680-0-1
DL: B-27.177-2015

A la Isabel i en Carles, els meus pares, els millors del món.
I a l'Adela, en Josep Maria i la Bruna,
els mestres de qui més he après.

En tan bona companyia

Fa vint anys que sóc pare. De cada cop més fills, fins a quatre. I en aquestes dues dècades tan intenses, apassionants i ocupadíssimes, he introduït un mètode curiós de conciliació laboral i familiar: emportar-me la canalla a la feina. Literalment, quan puc, com feia el meu pare, a qui de nen jo observava al taller de fusteria i acompanyava a les reunions. I també en un sentit més metafòric. He escrit en clau d'humor sobre la paternitat, he impulsat programes de ràdio i televisió sobre educació, i quan vam fundar el diari *Ara* vaig tenir clar que el *Criatures* en seria el suplement estrella. Com més va estic més convençut, i en tinc força proves, que res és més transformador que parlar en positiu de la tasca educadora, desdramatitzar-la, fomentar que els que encarrilem la canalla tinguem més seguretat i alegria, i menys pors i complexos. Compartir batalletes, riure'ns dels nostres fracassos, aprendre dels altres.

Aquest llibre va d'això. Intenta ajudar a educar millor, perquè millorar, com aprendre, són objectius essencials de la vida. I humilment pretén –només– fer companyia a famílies i mestres. No hi busqueu mètodes personalistes ni receptes màgiques ni solucions espectaculars. Hi trobareu, això sí que us ho garanteixo, la saviesa d'onze experts i un munt de pistes perquè sigueu vosaltres els que arribeu a les conclusions, ja que al capdavall sou els que prendreu les decisions. Són onze professionals de trajectòries diverses i amb visions diferents. De fet, la lectura d'aquestes pàgines és una invitació al debat, perquè en alguns aspectes hi trobareu punts de vista contraposats. Però els uneixen algunes virtuts bàsiques: passió per l'educació, experiència pràctica, contacte amb famílies i docents, i la ferma voluntat d'empoderar pares i mestres en lloc d'espantar-los o alliçonar-los.

M'encanta conversar. I fer-ho sobre de quina manera eduquem em sembla extraordinari. La dialèctica és la base de l'educació, cal anar rodejant els temes, aproximar-s'hi, aprofundir-hi. He après tant d'aquestes onze persones que tinc la certesa que aquest llibre us pot ser molt útil, en el sentit pràctic, i molt enriquidor, en un sentit més intellectual. Són persones amb criteri, s'estimen la professió, que majoritàriament és la seva vocació, i transmeten ganes de fer-ho bé i un optimisme de la voluntat per aconseguir-ho. Cada conversa s'acaba amb un munt d'idees, amb el cap que bull sobre com abordar-les, i amb el cor obert a combinar la nostra missió tan delicada amb l'amor incondicional, que és l'essència educadora. Estimar el que tenim entre mans és el primer pas.

El llibre vol servir pares i mestres. I avis i àvies, naturalment, i tiets i la gent que rumia si vol entrar en l'aventura de la procreació, que alguns insisteixen a pintar com un túnel fosc i d'altres pensem que és una font d'alegries i contradiccions. Res no ens enfronta tant a nosaltres mateixos com intentar encarrilar la mainada, fer-la espavilar i controlar-la, estimular-la i posar-li límits.

Començo per Carme Thió perquè amb ella va començar tot. És la primera dels onze entrevistats que vaig conèixer, i l'estimo molt. Però també començo amb ella perquè, tot i que qualsevol ordre té un punt d'aleatori, he pretès que les primeres converses estiguin més enfocades a l'àmbit pràctic, i a la segona meitat hi hagi més reflexió sobre l'educació professional, sobre els mestres, sobre la necessitat d'innovació a l'escola. Però el llibre és prou flexible i els entrevistats són prou rics en idees perquè a cada conversa hi hagi reflexions per a qualsevol lector. A més, la frontera entre pares i mestres és molt porosa, quan la majoria de docents també tenen canalla a casa, i quan els pares i mares tenim en el professorat els nostres aliats i tot el que els afecta a ells també ens hauria d'afectar a nosaltres.

Al llarg del recorregut veureu que busco verbs que siguin sinònims d'educar: impulsar, estirar, empènyer, provocar, estimular, escoltar, respectar... N'hi ha un munt i és un exercici molt interessant fer-ne la llista mental. Hi ha un verb clau, que és *acompanyar*. L'educador acompanya la criatura i per fer-ho ha de saber trobar la distància exacta. Ni massa a sobre, ni massa lluny. I ha d'anar modulant aquesta distància, fins a fer-se prescindible, que és l'èxit més gran.

Per això he triat també aquest subtítol per al llibre. Acompanyar famílies i mestres és l'objectiu central, és el propòsit. Els educadors ens hem de fer companyia, donar-nos ànim, ajudar-nos. Si aquestes converses us fan rumiar i us ajuden a viure amb més seguretat i espontaneïtat la vostra tasca, els dotze que hi hem participat estarem contents i agraïts a la vida per deixar-nos dedicar al que ens fa més feliços, i en tan bona companyia.

Carles Capdevila

Carme Thió

© Ruth Marigot Murillo

Carme Thió de Pol (Barcelona, 1943) és psicòloga especialitzada en educació infantil. S'ha dedicat tant a l'orientació i a la formació de mestres com a l'assessorament familiar. Col·labora amb l'Institut de Ciències de l'Educació de la Universitat Autònoma de Barcelona i és autora de diversos llibres sobre l'educació dels infants, com ara *Entre pares i fills* (2013) i *M'agrada la família que m'ha tocat* (2013).

15 de juliol del 2014. Fa disset anys que la vaig conèixer, quan a casa acabàvem de tenir dues criatures i estàvem absolutament desbordats. Va ser la meva primera psicòloga, i mai no li agrairé prou la serenitat i l'entusiasme que ens va transmetre a un grup de pares. Quina teràpia col·lectiva, quin tip de riure'ns dels nostres complexos. Carme Thió sap escoltar i el seu mètode no és cap recepta, és molt més transformador: fer-nos pensar i acompanyar-nos perquè decidim nosaltres mateixos quina és la via més adequada. Ella ens va convèncer que cada problema és una oportunitat educadora, i ens ho vam creure tant que, entusiasmats, vam doblar el nombre de criatures per tenir el doble d'oportunitats.

Ets experta a treballar amb grups de pares i mares angoixats.

Sí, un dels objectius és tranquil·litzar-los. Els pares d'avui ho tenen difícil perquè van molt cansats, sobretot les mares, que van extenuades; i quan estem extenuats no funcionem gaire bé. Un dels objectius de les trobades de pares és que es relaxin, es tranquil·litzin i no facin tanta tragèdia del que són anècdotes de la vida.

Com et van educar els teus pares?

Sóc l'última de vuit fills i els meus pares eren grans. Diria que el meu pare no era una persona de la seva època; de fet ell ens feia de mare molt més que ella, que estava tot el dia cosint, planxant i amb les feines de la llar. En canvi, el pare era el que ens explicava contes, el que ens donava el menjar i el que ens cuidava quan estàvem malalts, i crec que això ens va convertir en una família una mica diferent.

Deu ser excepcional.

Molt. Ens portava a nosaltres i els meus cosins a passejar, arreplegava tota la canalla perquè ens ho passéssim bé. En aquella època en què predominava l'autoritarisme, ell no ho era gens, però tenia una autoritat impressionant que expressava així: «Jo confio en tu i sé que ho faràs». Allò et deixava lligat de peus i mans perquè realment no el volies decebre. No hi va haver cap insult ni cap bufetada; allà vaig viure que es pot educar sense violència i crec que, gràcies a aquesta educació inicial que vaig tenir, m'he pogut dedicar al que m'he dedicat perquè ho he viscut.

Dius que es pot educar sense castigar per experiència pròpia.

Ho he comprovat personalment, sí. Partia d'un inici que penso que m'ha ajudat molt i em sento privilegiada.

Els germans també et devien educar, si ets la petita de vuit.

Em queixava que en comptes de dos pares en tenia vuit o deu. Era una mica pesat ser la petita, però al mateix temps era fantàstic perquè tenia per triar i remenar, ja que cadascú tenia la seva personalitat, i estava bé amb tots.

Els petits són els mimats?

A casa meva n'hi havia uns quants de mimats, no només jo; per exemple, la germana que em precedeix, que va venir després de tres nois i que a més era més dèbil i es posava més malalta, estava molt més mimada!

Com vas anar a parar a la psicologia?

Al principi va ser una qüestió personal. Quan era adolescent pensava que ningú m'entenia i que podria dedicar-me a entendre'm a mi per després també entendre i ajudar els adolescents. Dels adolescents vaig passar aviat als petits perquè vaig tenir una vintena de nebots abans de tenir els meus fills i em vaig enamorar de les criatures petites, en gaudia enormement i un dels meus divertiments era agafar set o vuit nebots, emportar-me'ls i jugar amb ells. Em van despertar aquest interès per la manera com anaven aprenent i madurant, cosa que em sembla apassionant; de tota la vida el que més m'ha interessat són les persones, i amb les persones petites aprens constantment.

Ser experta en educació t'ha ajudat a educar els teus fills o no té res a veure?

Si els tingués ara, ho faria millor. Jo encara estava estudiant quan vaig tenir els meus fills i no havia començat a exercir, però sí que l'experiència dels nebots em va ajudar moltíssim, més que el que estava estudiant, i el que havia après sense adonar-me'n. Ara quan els pares em pregunten segons què, penso que hi ha molt desconeixement i recordo tot el que jo sabia sense ser-ne conscient. Un dia, els pares d'un bebè em van explicar que havien anat a urgències perquè el seu fill d'una setmana tenia convulsions, i en preguntar-los què havia estat em van dir que tenia singlot. El primer bebè que havien vist era el seu i és evident que el singlot en una criatura acabada de néixer és bastant espectacular perquè boten sobre el llit, i si no ho has vist mai, pots acabar a urgències.

Per això calen grups de pares.

Sí, no m'agrada dir-ne «escola de pares» perquè és com si tinguessin assignatures. Jo no ensenyo res, sinó que acompanyo en la reflexió, en el coneixement d'ells mateixos i de les criatures. Jo en dic «grups de reflexió compartida». Compartir experiències, no jutjar, no dir mai si una cosa està bé o malament si no et funciona, i fer-nos costat els uns als altres.

Qui ha d'anar més al psicòleg, els nens o els pares?

Crec que a la majoria de pares els va bé una orientació. Els pares no necessiten la teràpia d'un psicòleg, sinó algú que els acompanyi, perquè en aquests moments socialment no hi ha aquest coixí que hi havia abans. La majoria de vegades, els problemes que observem en les criatures no són problemes d'elles, sinó dels pares i de l'escola mateixa.

Abans has dit que els pares estem cansats. També estem acomplexats?

Molt. Fa uns anys va sortir una enquesta on una de les preguntes que es feia als pares era si creien que estaven educant bé els seus fills i més del 80% deien que no. Això és una tragèdia, perquè el sentiment de culpa que hi ha al darrere és enorme: «Jo ja sé el que hauria de fer, però no ho faig». Això ha de canviar i s'ha de recuperar l'autoestima de pare i de mare, no cal anar a la universitat per ser pares. Avui dia tot s'ha especialitzat molt i sembla que hi hagi l'especialista de ser pare. Em sap molt de greu com estan anant les coses perquè els nens estan sempre en mans d'especialistes. Una vegada, per fer la broma, vaig dir que un dia hi hauria especialistes per ensenyar a anar en bicicleta i un pare em va respondre que ja existien i que, al casal que es fa els dissabtes al seu barri, s'oferien monitors per ensenyar a anar en bicicleta. Què els queda als pares? No gaire cosa; ni nedar, ni anar en bicicleta, que són les coses més divertides que vinculaven pares i fills. És trist perquè es gaudeix molt menys dels fills.

Vivim des de la culpa.

L'ansietat és enorme, sobretot en les mares, perquè, tot i que és veritat que l'home s'hi va incorporant, la majoria de les dones són les que carreguen amb l'organització. Són les que truquen al pare per recordar-li que li toca a ell anar a buscar la criatura.

Ara és el moment en què hi ha més supernannys, *material, llibres, psicòlegs i experts...*

De vegades la quantitat tampoc no ajuda gaire. Per als pares és difícil perquè no saben què triar i agafen coses absolutament contradictòries.

Fa falta una visió més global...

Sí, més coherent. Els pares estan desorientats i quan una persona està desorientada poc n'aprofita, de tot això, perquè un llibre es contradiu amb l'altre. El que han d'intentar és ser coherents amb ells mateixos i que vagin decidint el que funciona amb els seus fills i el que no. Els especialistes en sabem en general, però a una criatura en concret qui més la coneix són el pare i la mare, per tant les decisions han de ser d'ells. Nosaltres hem d'ajudar que puguin prendre decisions, és a dir, poder relacionar causa i efecte. Recordo que un dia, a la xerrada d'una escola, un pare em va dir que ell feia competir els seus tres fills perquè s'acabessin ràpid el suc de taronja i jo li vaig respondre que això no estava ni bé ni malament; tot depenia del que es proposava: si volia que la relació entre els seus fills fos de rivalitat, perfecte, però si no volia que ho fos, doncs potser ja no anava tan bé.

Pensem poc sobre el que estem fent.

Sí, surten molts automatismes. Quan jo era jove tots tornàvem abans de les deu de la nit a casa, ho feia tothom i ni ho qüestionàvem; la raó era que a aquella hora es tancaven les portes i no teníem la clau, i hi havia el sereno i tot això. Avui dia, si li preguntes a una colla de pares que tenen fills que ja comencen a sortir quines són les hores de tornada, hi ha des del que no els deixa sortir fins al que diu que tornin quan vulguin, hi ha un ventall molt ampli. Això és més ric, però també més difícil, perquè mai estan segurs que el que decideixen sigui adient.

Els pares tenim poca seguretat, espontaneïtat i confiança.

Cal tenir seguretat amb un mateix. Tenim la sort de viure bastants anys amb els fills, per tant hi ha la possibilitat d'equivocar-nos, d'adonar-nos-en i de rectificar. Per tant, no passa res. Bruno Bettelheim, que ja va morir fa temps, tenia un llibre amb un títol que m'encanta: *No hay padres perfectos*. Els bons models de pare i de mare són aquells que intenten fer el millor possible quan s'adonen que l'han espifiat: rectifiquen i ja està. A més a més, és un model assequible per als fills perquè els nens també s'equivoquen, i si ens presentem com a perfectes els desanimem. Jo no puc arribar a la perfecció.

El teu llibre M'agrada la família que m'ha tocat *transmet aquest missatge de confiança, perquè és fruit de l'experiència amb molts grups.*

La frase és d'una criatura i no meva: en un grup de pares, una parella va dir que la seva vida era un infern, que no els agradava perquè s'estaven cridant tot el dia i hi havia molt mal humor. La gent del grup va voler treballar aquest tema. Un pare va arribar i va comentar que el seu fill havia dit aquesta frase: «M'agrada la família que m'ha tocat»; i un altre ho va dir d'una manera més poètica: «En aquesta casa sempre hi fa sol».

Creus que als nens els deixem fer poc de nens?

D'una banda, els tractem com si tinguessin molts handicaps, perquè els ho fem tot. No és tant tractar-los com a petits sinó com a minusvàlids i, en canvi, se'ls exigeix molt en altres aspectes, sobretot escolars. És contradictori.

Quan entrem en el món extraescolar, s'imposa l'encarrilament cap a l'èxit.

L'objectiu educatiu hi és sempre, però les criatures han de jugar; hi ha moltes criatures que no fan vida de nen i no juguen perquè van a aprendre futbol i altres activitats, no a jugar. És evident que jugant aprens, però l'objectiu del joc és divertir-se, no aprendre, perquè la manera característica que té una criatura d'aprendre és jugant. L'objectiu ha de ser que els petits es diverteixin.

Probablement hauríem d'educar més la creativitat que no uns continguts que van evolucionant.

Els continguts hi han de ser perquè s'ha de fer alguna cosa, però han de ser com a mitjà d'aprenentatge, d'aprendre a aprendre, per dir-ho d'alguna manera; de ser capaç de buscar, d'investigar i d'anar fent tu mateix el teu propi currículum per allò que et toqui o vulguis fer. L'escola a vegades s'encotilla sense adonar-se'n, però és que el problema que tenim tota la societat de readaptació també el té l'escola.

Quan hi ha un problema, qualsevol ciutadà o polític sempre diu: «L'escola ho ha d'ensenyar».

A l'escola li encarreguen coses per a les quals els mestres no tenen la formació, i això també crea persones amb ansietat. Una de les coses que, d'entrada, em va encantar quan vaig anar a Bolonya a veure les escoles bressol va ser el lligam que hi havia entre les escoles bressol i la universitat. Això era fantàstic perquè la universitat investigava allò que els traspassava la gent de l'escola bressol. Per exemple: si els arriba molta immigració, pensen què poden fer per acompanyar aquesta gent en la integració en el país i, aleshores, la universitat es posa a investigar sobre immigració i integració. Els estudiants de la universitat anaven a fer pràctiques a les escoles bressol, i aquestes rebien suport educatiu i formatiu. Així sí que podem fer encàrrecs a l'escola perquè hi sortim tots guanyant: ells es formen per fer altres coses i amplien el seu ventall de serveis i competències professionals, i ho fan en condicions, no es deprimeixen i saben com posar-s'hi. No hi ha res pitjor que haver de fer una cosa per a la qual no t'hi veus capaç. No és estrany que els mestres pateixin tantes ansietats i depressions: tenen una gran pressió social.

Què atabala més els pares?

Els premis i els càstigs, l'autoritat, l'autonomia, el menjar, el dormir, el canvi de bolquers... depèn de l'edat. També hi ha les pors. Són temes molt quotidians. Una vegada, vaig tenir un grup que van formar el «Club del tu no». Hi ha moments evolutius en què les criatures passen a tenir unes conductes curioses com és, per exemple, decidir quin dels dos pares vol, i els pares s'ho prenen com un càstig quan el nen diu «tu no, la mama» o «tu no, el papa». Els grups també permeten veure que, si tots els nens es fan pipí als bolquers, no caminen i et diuen «tu no», deu ser perquè és el que toca i que no ho has de viure com si fos una cosa teva, sinó que ets dins d'un procés evolutiu.

Fem una prova: Carme, quan li dic alguna cosa al meu fill i em diu «Tu no, la mama», què puc fer?

Jo li diria que si la mare el pot atendre, molt bé, però si no que s'aguanti. I ho faria amb una mica de gràcia perquè el nen s'ho prengui bé. Li direm que la mare no pot, que a tu t'encanta fer-ho i que estàs disposat a jugar. Jugar i bon humor són claus. Fa falta alegria perquè tothom va tan atabalat amb la feina que, quan estem cansats, ens costa estar alegres; però les famílies necessiten riure, jugar, divertir-se i anar més relaxades pel món.

Tendim a fer-los sermons.

Exacte, no tantes històries. Per exemple, no s'ha de pegar perquè hi hagi una llei, és perquè tu no vols fer mal. Les criatures tenen conductes agressives, però comencen a mossegar abans de saber que això fa mal. Aleshores, el primer que els hem d'ensenyar és que mossegar fa mal. Per què mosseguen o donen una empenta? Perquè volen la joguina que té l'altre; ells volen la joguina de l'altre però no fer-li mal, per tant hem d'ajudar-los i que vegin altres recursos i possibilitats d'aconseguir la joguina que desitgen. És ben lícit desitjar la joguina del veí, per què no?

Els teus consells demanen temps i paciència.

Sí. L'altre dia una mare estava barallant-se amb el seu fill perquè no volia anar a dormir, i al final la mare va exclamar: «M'és igual que no vulguis anar a dormir, hi has d'anar!». «M'és igual» és una expressió dura, que, a més a més, no és veritat. No podríem dir, per exemple, «Em sap greu però hi has d'anar»? Una frase així ja no la pots dir enfadat perquè la violència ja l'has eradicat afegint-hi «em sap greu». Hi ha expressions que no es poden dir amb violència i d'altres que porten implícita la violència.

Reclames més empatia amb els fills.

La nostra societat és antipàtica, ja no és no empàtica, sinó antipàtica, perquè no en sabem gens, d'empatia. Què és el que estimula i ajuda? El repte. Ens pot fer mandra fer una cosa o no ens agrada fer-la, però cal partir de l'acceptació del sentiment negatiu que té la criatura respecte d'allò que ha de fer... Hem d'educar emocions. L'exemple clàssic és el de la por. Els diem: «No tinguis por, no has de tenir por». Però la por hi és. Si l'objectiu és no tenir por, fracassem tots perquè tant els petits com els grans en tenim. La por té una funció a la vida que és la d'ajudar-nos a no emprendre riscos excessius i a no ser imprudents; si no tinguéssim por, sortiríem al carrer i ens aixafaria el primer cotxe que passés. El sentiment és el que és i sempre serà el que és, però hem d'aprendre a gestionar la reacció a l'emoció, una cosa és l'emoció i l'altra la reacció. L'emoció no és ni bona ni dolenta, podem dir que és positiva o negativa depenent de si et fa sentir bé o no; cal veure quina emoció sentim i gestionar-la. Si estem molt enfadats, hem de mirar que aquest empipament no porti cap a la violència envers els altres o contra nosaltres mateixos. Ens hem d'enfadar amb determinades coses, perquè si arriba un dia que res no ens fa enfadar és que ja estem morts. S'ha d'anar amb compte amb això d'intentar eliminar emocions perquè les hem de tenir totes i viure-les. I és evident que, a mesura que dominem la reacció a l'emoció, influïm indirectament a disminuir-ne els efectes.

Puc castigar o no?

Tu fes el que vulguis, Carles, però jo diria que ni els càstigs ni els premis són educatius; i no és que ho digui jo, és que això està comprovat de fa anys i panys. Per què no són educatius? Perquè creen addicció: cada vegada has de castigar perquè funcioni, si és que funciona. La criatura que és molt castigada en realitat aprèn a amagar-se, a mentir i a ocultar allò que fa i que no ha de fer perquè no el castiguin. Per tant, no aprèn què és el que ha de fer i no ha de fer, sinó que aprèn a fer trampes, per dir-ho d'alguna manera.

Què fem, doncs, com posem els límits?

Doncs cal substituir el que anomenem «càstigs» per allò que jo en dic «conseqüències». I dic «jo» perquè hi ha gent que pensa que aquestes conseqüències també són càstigs. A mi m'agrada diferenciar-ho perquè uns són educatius i els altres no, per tant, són coses diferents. Una mesura és educativa quan la criatura pot valorar-ne les conseqüències, li donem l'oportunitat que decideixi i vagi creant el seu propi criteri. Per exemple: uns pares em van explicar que el seu fill de 4 anys estava passant una etapa de molta confrontació, estava molt provocador i una de les coses amb la qual els pares no se'n sortien era que feia un gran mullader quan es banyava, llançava aigua a dojo amb el que fos. L'havien castigat i també li havien promès premis, però res no servia. Aleshores els vaig fer veure que la conseqüència del mullader era que s'havia de recollir l'aigua i que, per tant, li fessin . Educar no és pressionar, sinó ajudar que facin allò q . de fer per voluntat pròpia. Aquesta criatura cantava i ballava el primer dia que va fregar; el segon ja no estava tan contenta; i el tercer dia va deixar de fer mullader. Què li van proporcionar a aquesta criatura? La capacitat de poder decidir ell que no volia mullar. Donem l'oportunitat a la criatura de pensar i decidir per ell mateix si val la pena o no fer una determinada cosa. Abans l'objectiu educatiu era fer criatures obedients, ara no, ara volem criatures amb criteri i responsables.

Com eduquem en valors?

De vegades perdem de vista que la criatura no aprèn dels discursos, sinó vivint i experimentant. Els valors, les actituds i les maneres de fer s'aprenen de les que veuen, com a model, en el pare i en la mare; si el discurs va per una banda i l'actuació per una altra, la criatura sempre es quedarà amb l'actuació; i, si no hi ha una manera solidària de fer, la criatura no ho aprendrà perquè no podem aprendre un determinat valor sense viure'l i exercir-lo. Les paraules sí que són importants, però només quan són coherents; perquè si diem que no s'han de dir mentides i després posem com a excusa que estem malalts per no fer una determinada cosa (i no és veritat), el nen dubta: «Això és una mentida o no? En què quedem?». Un exemple clàssic seria dir al nen amb un crit que no s'ha de cridar; o que no s'ha de pegar, amb una bufetada.

Dóna'ns un bon consell.

Divertir-se junts, escoltar i, sobretot, parlar. Això és una de les coses que més falta fa. A casa meva hi havia dies que del dinar al sopar no ens havíem aixecat de la taula, tots. Al meu pare li agradava escoltar-nos. El pare, la mare i els vuit fills, en època de vacances era una delícia, i tots tenim un record extraordinari d'aquelles converses inacabables en les quals parlàvem de tot: religió, política, armament... Avui dia s'ha perdut molt, amb la introducció d'aparells tan atractius, i que serveixen per a molt, però que si no vigiles t'envaeixen la vida. S'ha de parlar i escoltar. Amb els nens es parla poc. Si observem com la gent s'hi adreça, normalment els pregunten coses com, per exemple, si els agrada l'escola, i la criatura ha de dir que sí per força; també allò de «que bé que has tingut un germanet!». En lloc de parlar d'aquesta manera, que estàs induint la resposta, i no sabràs el que realment pensa, hauríem de convidar-los a explicar com els va a l'escola o amb el germanet.

O sigui, crear un ambient favorable a les converses obertes.

Tinc una néta que em diu que el que més li agrada de tot són els esmorzars a Can Rigau, que és la caseta que tenim a pagès. I quina gràcia tenen aquests esmorzars? Doncs que la gent es va llevant, va a la taula, es posa a esmorzar, després arriba un altre, tothom es va quedant a la taula, l'anem ampliant i tothom parla sense cap pressa, i si algú marxa, marxa; i si algú torna, torna. És estar tranquil i parlar de tot. I no els interrogatoris d'ascensor o les converses d'ascensor de si «avui fa bon dia o fa mal dia». Si el nostre fill no ens interessa, ja podem plegar.

Jaume Cela

© Ferran Forné

Jaume Cela Ollé (Barcelona, 1949) és mestre i escriptor. Va ser director de l'Escola Bellaterra i ha tingut un paper rellevant a l'Associació de Mestres Rosa Sensat, la Federació de Moviments de Renovació Pedagògica de Catalunya i el Consell Escolar de Catalunya. Ha escrit, entre altres llibres, *Amb lletra petita* (1996), *A peu d'obra* (2009), *Tu m'aprens. Memòria i oblit d'un aprenent de mestre* (2011), *Quadern de dilluns* (2013) i *Apunts d'un aprenent de mestre greument jubilat* (2015); també, juntament amb Juli Palou, *Amb veu de mestre* (1993) i *Carta als mestres que comencen* (2004), entre d'altres. La seva obra de literatura infantil i juvenil aplega una seixantena de títols. L'any 2008 va rebre la Creu de Sant Jordi.

*23 de juliol del 2014. Jaume Cela arriba a l'*Ara *i em ve al cap quan ell i en Juli Palou, abans que aparegués el diari, em van venir a seduir perquè dediquéssim atenció a l'educació, cosa que fem en bona part gràcies als seus articles. Acabat de jubilar oficialment com a director d'escola, però incapaç de jubilar-se de la seva vocació, Cela ha escrit molt sobre l'ofici d'educar. Cada vegada que he tingut la sort d'entrevistar-lo, em convenç més de la força que acaba tenint trobar un bon mestre. Aquells mestres que et canvien la vida, que mai no oblides i als quals de gran busques per donar-los les gràcies.*

En el teu llibre Tu m'aprens: memòries i oblits d'un aprenent de mestre, *dius que l'acció dels educadors «és a través de les paraules i els silencis però, sobretot, de l'actuació en la vida quotidiana, compartir l'experiència nostra sense permetre que es converteixi en una llosa que els impedeixi respirar: ajudar el jovent a descobrir com n'és de bo, tot sabent que hi ha la vida i la mort». És a dir, el verb que tu tries per educar és* acompanyar?

Sí, és acompanyar, acollir, mostrar i aprendre a escoltar. Trobo que són els quatre verbs imprescindibles en qualsevol acció educativa i que, a més a més, curiosament –jo que tinc molt contacte amb exalumnes, alguns grans i de diferents etapes de la meva vida–, parlem de què recorden de l'escola i és tot això. Són quatre verbs que alguns d'ells els detallen i els valoren: acollir, evidentment sense condicions; mostrar, que és mostrar el món, i al món hi ha allò que és bo i allò que no és tan bo i està tot barrejat; intentar no adoctrinar; i aprendre a escoltar. Crec que és molt important que un mestre sigui una persona que sàpiga escoltar el que els seus alumnes li demanen, que possiblement no sigui el mateix en tots els casos.

I la precaució és no ser una llosa, és a dir, que la teva experiència no ha de condicionar gaire.

No, no condicionar. Fer aquest acompanyament en el dia a dia i, després, saber col·locar-te en la distància precisa que t'exigeix l'alumne, aquell noi, noia, nen o nena que tens al davant. D'això hi ha una pel·lícula preciosa dels germans Dardenne que es diu *Le fils* [El fill] i que té un argument molt estrany. Mentre la veia em vaig adonar de com és de difícil saber col·locar-te just en la distància que es necessita, perquè hi ha una criatura que, si et col·loques a una distància, li pot semblar que li estàs envaint el terreny, i a una altra t'estàs quedant curt en la relació que ell espera. Aquest plantejar-te sempre a quina distància precisa t'has de col·locar és una cosa que he anat aprenent al llarg de la vida de mestre. A vegades encertes, fas un ple total, i a vegades veus que no, veus que t'has quedat curt, que t'hi havies d'haver aproximat més o, al revés, que has envaït massa el territori i que aquest nen s'ha protegit de la teva entrada en el seu món. No t'ha sortit com tu esperaves.

Tu has dit: «Estic content d'haver passat més de quaranta anys de la meva vida fent de mestre; amb l'esperança que algú em reconegui aquest valor, perquè no és el mestre qui tria el deixeble, sinó el deixeble qui tria el mestre».

Sí, has d'esperar. Amb alguns segur que ets un element important en la seva vida, per bé o per mal, i uns altres t'oblidaran al cap d'un temps i ja està; tu no has d'esperar res. Crec que la relació que estableixes amb els alumnes és una relació asimètrica en el sentit que tu ets responsable d'ells, però ells no ho són de tu; tot i que, com a humans, sempre esperem que ens reconeguin. Sempre esperem que l'alumne ens digui «jo també t'estimo»; i això, quan es pot concretar, com per exemple avui que he tingut l'ocasió d'anar a dinar amb dos exalumnes, veus que aquesta asimetria inicial ja s'ha anat modificant.

T'has equivocat, suposo.

Com tothom, tinc els meus fantasmes. Tinc els meus moments en què he pensat «Aquí la vas espifiar molt», i això et pot retornar; i potser hi hagi algun exalumne que et digui que tot això que tu t'imaginaves que passava, no passava en absolut. L'acció educativa és molt complexa i no hi ha receptes, el que li convé a un nen no li convé als del costat, i allò que penses que ajudarà aquest, a l'altre l'espatlla. És complicat, i és apassionant.

Has fet més de quaranta anys de mestre, ara t'has jubilat.

Des dels 18 anys, en tinc 65; doncs, compta-ho. I m'han jubilat, jo no ho hauria fet, però agraeixo que m'hagin fet jubilar perquè morir-te a la classe deu ser molt fort! En un primer moment em vaig empipar i em preguntava per què em feien jubilar, però després vaig pensar que està bé, perquè podré continuar fent coses en el món de l'educació amb més calma i tranquil·litat, i podré mirar una mica la meva experiència amb distància i tranquil·litat. Si aquests que ens agrada tant la nostra feina no ens arribéssim a jubilar mai, els joves tindrien tot el dret a venir i tirar-nos per la finestra, perquè dirien: «Us agraïm els serveis prestats, però ara ens toca a nosaltres».

Què t'ha donat més satisfacció?

Entrar a totes les classes a parlar de literatura i de contes, explicar i llegir contes, parlar de llibres que llegien, de llibres que havien de llegir i relacionar-ho amb el cine, que és la meva gran passió. He estat molt feliç, he conegut tots els nens de l'escola, he estat amb tots els nens, han fet una exposició sobre mi al passadís i em van fer un comiat amb una cantata que van organitzar dos exalumnes a partir d'un conte meu. Em sento feliç i content d'aquest final.

Coneixes tots els cicles?

No, a parvulari no hi he estat mai. A cicle inicial amb els petits, he fet a vegades tallers. Sobretot he treballat al cicle mitjà, i molt de 5è en endavant. Els nens amb els quals he estat més còmode feien 5è, 6è de primària, 7è i 8è d'EGB o 1r i 2n d'ESO. A mi m'agrada allò que en dic el tomàquet. M'agrada molt conversar amb ells, no de tu a tu perquè la relació no és mai simètrica; però pots parlar de molts temes.

No has tingut mai la temptació de passar a fer de pedagog i no de mestre? Què t'ha mantingut a l'aula?

A mi m'apassiona veure com ajudem els nostres alumnes a construir coneixement. Sempre m'ha agradat estar amb la canalla.

I per què això no passa gaire sovint?

Perquè els que estan a l'escola sempre estan poc considerats socialment. Un mestre d'universitat està més valorat que una mestra que treballa a l'etapa infantil, que és primordial. Això és un error increïble i només ho veu gent que té la sensibilitat d'un Francesco Tonucci, que deia que els mestres d'infantil són els que més haurien de cobrar. A mi sempre m'ha seduït això. Sí que he fet d'això que en diem mestre de mestres, en el sentit que he fet molts cursos de mestres, conferències, i activitats per l'estil, però mai no he volgut deixar la vida de l'aula.

Com vas començar?

Vaig començar a fer de mestre sense tenir ni el primer curs de batxillerat fet. Jo havia estudiat comerç i treballava al Banco Vitalicio de España (que ara em sembla que li han canviat el nom) i el somni de la meva família –no pas el meu perquè no ho havia somiat– era que jo entrés a treballar a La Caixa. La gent del Camp de la Bota em van proposar que em posés a fer classes, perquè jo portava nens en una mena de centre d'esplai dissabtes i diumenges, i veien que me'n sortia. No tenia ni títol, però em van dir que això no era el més important i que el que els interessava era gent que volgués treballar amb aquesta canalla. Em vaig trobar que en el meu primer any de mestre no sabia res de res, simplement reproduïa el que havia mamat a l'escola, com castigar els nens de genolls! Per això quan ara ens trobem amb els del Camp de la Bota els dic que no m'ho haurien d'haver perdonat… Però ells responen amb un: «Sí, home, que t'ho hem perdonat», i això és magnífic. Va ser aleshores que em vaig matricular a batxillerat perquè volia ser mestre. Mai en la meva vida havia pensat que em dedicaria al magisteri. Llavors vaig descobrir el grup de Rosa Sensat, les escoles d'estiu, els cursos d'hivern. I després vaig començar oficialment la carrera a l'Autònoma.

Tu parles sempre des de la pràctica.

És que no puc parlar de res més. Per això tinc un «soci pedagògic», el meu amic Juli Palou. A part que ell té molta experiència d'aula, perquè ha treballat molts anys de mestre, és el que té els calaixos del cervell més ben endreçats. En Juli sí que és una persona que té un cos teòric, a part d'una pràctica excel·lent.

Ha de ser vocacional, la feina de mestre?

Jo volia ser artista de cine, imagina't!, i he fet molt teatre a la classe. Les vocacions no tenen la mateixa intensitat al llarg de la teva vida professional, hi ha moments més alts o més baixos, fluctua molt. El que és fonamental, i això és una de les grans sorts que he tingut, és que, a les cinc o sis escoles que he treballat, he treballat amb un equip de gent amb el qual m'he pogut discutir molt, però eren gent que creia en el que feien. Que tu puguis treballar en escoles on es debat sobre allò que estàs fent, on pots parlar, on la gent respecta la persona i es discuteix el que s'està dient, és una sort.

Dius que el mestre ha d'estimar els nens, i si no fer-ho veure.

És fort sí, però és així. És impossible que espontàniament em pugui estimar tots els nens o nenes que he tingut; quan entro en una classe, al cap d'un dia, havent estat una hora amb ells, et puc dir les criatures que ja se m'han fet seus i les criatures que sé que em costaran molt. Però he de tenir prou traça perquè aquest noi o aquesta noia no ho sàpiga mai, que no ho noti. Això és el que fan els grans actors.

Això és fingir?

És fer teatre del bo. Sóc molt socràtic en el sentit que m'agrada molt conversar i anar parlant. Hi ha nens que s'apassionen, a classe; hi ha nens que, al cap de deu minuts, estan fent uns badalls que gairebé s'empassen a ells mateixos. No hi ha un mestre excel·lent per a tots els contextos o per a tots els nois i noies d'una mateixa aula.

Tu has de transmetre que confies que se'n surtin.

Que confio en ells; que quan convé sí que estic al seu costat; que quan convé acaronar-los, els acarono; que quan convé plorar amb ells, ploro amb ells; si convé, ric amb ells; i quan cal enfadar-m'hi, m'hi enfado. Em tenen al seu costat. Amb alguns això em surt espontàniament sense cap problema, i amb altres ho he de fer intencionadament perquè quan aquest nen o aquesta nena arribi a casa ha de tenir la sensació que per a mi ells són importants. Això vol dir no humiliar; vol dir allò tan difícil d'aconseguir a què es refereix George Steiner. Steiner té una frase preciosa: «El bon mestre és aquell que fins i tot amb la ironia té una lleu sensació d'amor».

Cal vigilar no passar de la ironia al sarcasme.

Un mestre pot fer molt mal amb la ironia. Si ets irònic i l'alumne ho percep en el camp de la relació afectiva, a aquest alumne ja el tens per sempre. I a l'inrevés, perquè el mestre també necessita ser estimat pels seus alumnes. Que un mestre surti de l'aula i tingui la sensació que no arriba als seus alumnes és tremendament frustrant. Quan es parla de l'estrès docent, una de les causes fonamentals és la incapacitat d'establir vincles amb els teus alumnes.

Les escoles han d'innovar.

Innovar és dialogar amb la tradició. La tradició és molt important i «innovar» vol dir pensar què faria Célestin Freinet si ara entrés en una aula amb tota la tecnologia de què disposem; o com defensaria John Dewey la seva concepció d'escola democràtica amb les condicions que tenim ara; o què vol dir la pràctica educativa com a pràctica de l'emancipació, que és una cosa de la qual parla molt Paulo Freire.

El mestre ja no té el monopoli del coneixement.

No, ara algunes lliçons te les donen ells. Ara, el mestre que cregui que ell és el centre del saber farà riure, els nens ja el posaran al seu lloc. Convé saber coses que abans no sabíem de les neurociències, què vol dir ensenyar i aprendre. Quan tu ensenyes, estàs aprenent amb ell. Per això vaig titular el meu llibre *Tu m'aprens.* És així.

Ensenyes i aprens alhora...

Aquesta és la raó per la qual ara és tan important la conversa, i que es puguin equivocar amb tranquil·litat. L'escola és un espai on els nens i les nenes vénen a equivocar-se i on saben que no seran sancionats per aquesta causa; al contrari, seran felicitats per això, perquè s'arrisquen, donen la seva opinió i, aleshores, el mestre o un altre company els qüestiona; i, a partir d'aquí, inicien una recerca i saben que el coneixement és incomplet. Em meravella aquell nen que et ve i et diu: «M'ajudes?». Com el moment en què et diu: «Ja està, ara ja no et necessito!».

L'escola corregeix la desigualtat social i garanteix la meritocràcia?

És una màxima del moviment de fa molts anys: l'escola com a compensadora de la desigualtat social. Ho mirem de fer, però les coses es compliquen. Estic sortint de l'educació reglada. Coses que semblaven resoltes ara tornen a estar damunt la taula. Estic lluitant altra vegada per qüestions per les quals vaig lluitar aferrissadament quan tenia 18 anys. No pels menjadors escolars, per exemple, sinó perquè els nens puguin menjar i es garanteixin els àpats que necessiten.

L'ascensor social està encallat.

Hi ha centres en què el mestre no pot dir que la seva feina és fer les matemàtiques molt ben fetes, també s'ha de preocupar que hi hagi un menjador escolar, que hi hagi unes beques; o ha de buscar alguna manera per compensar les estones en què un determinat alumne no rebrà ajuda a casa seva. Hem de fer d'assistents socials i del que sigui. No vol dir que siguem responsables de tot, però hem de fer-ho. I quan veus que un nen necessita això, has de buscar la solució; mai no pots dir que el problema que afecta aquest noi o aquesta noia que tens a classe no és problema teu; un mestre no pot dir-ho mai. Un mestre sí que pot confessar la seva impotència, però no pot dir que aquest problema no li toca.

Que un nen d'una família on no hi ha cultura accedeixi a la cultura deu ser un goig immens.

El gran somni és que tots fóssim com el mestre d'Albert Camus, que rebéssim una carta com la que va rebre després que al seu alumne li concedissin el premi Nobel, en què li deia: «Escolti'm, jo això ho he aconseguit gràcies a vostè». El mestre d'Albert Camus ja es podia morir tranquil després d'això.

Sou idealistes.

El col·lectiu docent ho és molt. Quan preguntes a la gent que comença magisteri per què han triat aquest camí, molt pocs et diran perquè dóna prestigi o perquè volen guanyar diners; la majoria et dirà perquè volen ajudar els altres.

Els pares i els mestres ens entenem prou?

La relació ha de millorar encara més. Sempre dic que els pares fan el que poden. A vegades és veritat que no encertem el to amb la manera de dir les coses als pares; o, a vegades, per exemple, donem visions massa negatives de les criatures. Jo sempre dic als mestres, sobretot als més joves, que si no són capaços de dir cinc coses bones d'un alumne seu no en diguin cap i s'esperin a més endavant, perquè això demostra que no coneixen prou aquest nen. Perquè, per als pares, els seus fills són el que més estimen d'aquest món. I no ens agrada que ens diguin segons què dels nostres fills. Si et poden dir set o vuit coses bones, i després afegeixen un «però també hi ha això o allò altre», la visió és una altra. Sobretot si com a mestres no ens presentem com els que ho sabem tot; perquè els mestres a vegades tendim a pensar que coneixem de manera exhaustiva el nen o la nena que tenim davant. I no, amb els nens hi ha coses que sempre queden en una zona de penombra. Crec que també s'ha de saber transmetre als pares que tenim les nostres febleses i que tenim els nostres desconeixements, però el pare o la mare s'ha d'emportar la impressió que estem disposats a jugar-nos-la pel seu fill i per la seva filla.

Un avi mestre és un bon avi, o quan fas d'avi el mestre desapareix?

Els meus néts tenen una àvia tan superàvia que l'avi queda molt disminuït. És apassionant veure els teus fills convertits en adults que són responsables dels seus fills; o veure com els meus altres fills fan de tiets o de tietes; això és apassionant.

Algun consell final per als pares?

Veure pel·lícules junts és importantíssim! El cine és una eina encara poc aprofitada.

Com et van educar a tu?

Vaig tenir uns pares molt humils. Eren gent que no tenien pràcticament estudis però eren molt treballadors i intentaven transmetre les coses que per a ells eren importants. La meva àvia era una senyora dura, de sabatilla. He viscut en un món molt més femení que masculí. El meu pare era un home que treballava a les nits i de dia, per tant jo el veia poques hores; en canvi, amb qui tenia més relació era amb la meva àvia, la mare i la tieta.

La feina del moviment de renovació pedagògica de Rosa Sensat, l'hem agraït prou?

Rosa Sensat és una institució que ha estat cabdal a la segona meitat del segle XX i fins ara; gràcies a Rosa Sensat hem tingut moltes coses, però com a institució té les seves clarors, llums i ombres. Necessitem mirades crítiques, però no mirades que ens redueixin a una expressió simplista, com han intentat alguns il·lustres articulistes parlant de «la generació de la plastilina».

Maria Jesús Comellas

© Pere Tordera

Maria Jesús Comellas Carbó (Terrassa, 1943) és mestra, doctora en psicologia, professora emèrita de la Facultat de Ciències de l'Educació de la Universitat Autònoma de Barcelona i dinamitzadora del projecte «Espais de debat educatiu», adreçat a les famílies, que promou la Diputació de Barcelona. Ha escrit *Escola de pares* (2007), *Carta a una mestra* (2008), *Educar no és tan difícil* (2014) i *Àvies i avis que malcrien… i eduquen* (2015).

16 de juliol del 2014. Quan veig arribar Maria Jesús Comellas recordo que un dia li va trucar Antoni Bassas, quan feia El matí de Catalunya Ràdio, *i va col·lapsar l'antena amb una dosi de sentit comú tan revolucionari que la van acabar fitxant de col·laboradora fixa en el programa. Amb un peu a la formació dels mestres i un altre a entendre les famílies, és una intermediària que garanteix que deixem de dramatitzar l'educació, que ens traguem el posat tremendista i substituïm les angoixes per les il·lusions.*

Educar no és tan difícil, diu el títol del teu últim llibre. T'ho creus o ens ho dius als pares perquè vols animar-nos?

M'ho crec absolutament, penso que la societat ens ha donat massa eslògans, atabalament, normes i obligacions i acabem assimilant aquest missatge davant dels nens. Tenim les criatures atabalades perquè ens miren i som tan alts, a diferència d'ells, que s'espanten i diuen: «No sé si tindré criatures de gran perquè és massa difícil, veig que els pares estan atabalats i jo no hi vull passar per això».

A tu com et van educar?

Vaig anar a una escola clàssica de l'època, una escola de monges, i em van castigar des dels 6 anys. «No hablaré en clase», em posaven unes pinces de la roba amb un cartell al davant i m'havia de passejar per les classes perquè tothom veiés que estava enraonant i que havia de callar. El primer dia em va atabalar, però després m'agradava passejar-hi perquè podia tafanejar què feien les grans i, per tant, els va resultar poc eficaç. Anava mirant de reüll les coses difícils que feien i d'alguna manera ja sabia el que faria quan fos gran i anés a aquelles classes.

I a casa?

El meu pare era teixidor de mitges, treballava a les nits amb un teler i va muntar amb la meva mare una petita empresa de confecció. Des dels 7 o 8 anys, jo era la responsable de fer el sopar per a tota la família. Jo pelava les patates i les posava a coure amb la verdura perquè el meu germà arribava més tard i els pares també. Quan tenia 9 o 10 anys, anava al mercat amb el meu germà, que portava el cistell perquè pesava massa, mentre jo duia els diners i les decisions i triava les sardinetes i el lluç. Un dia em vaig gastar tota la setmanada en un lluç molt bonic i, quan el vaig ensenyar orgullosa a la meva mare, ella em va dir que un altre dia gestionés millor els diners perquè ara ho tindríem complicat per passar la setmana.

Potser per això vas decidir que no faries econòmiques.

Això mateix, no hauria estat una bona idea. A la nit portava el sopar al meu pare i veia com corria pel carrer l'aigua de colors dels tints de les fàbriques i com funcionaven els telers.

I de la relació amb els teus pares, quin record en tens?

Tenia més confiança amb el pare perquè la mare estava molt capficada en un munt de coses. Tractava de vostè a la mare, tractava de tu al pare, i anàvem tots quatre d'excursió i a buscar bolets. Després l'àvia –que va tenir tretze embarassos i va parir deu criatures, de les quals quatre van morir, i que va donar estudis als altres sis– em portava a mi, la seva única néta, a la Boqueria i em comprava una ensaïmada.

Et consideres ben educada?

Molt. Penso que vaig tenir un ambient molt agradable: mai no hi havia massa crits, hi havia molt poc espai –passava l'estiu en un balcó!–, pintava, cosia... Recordo una infantesa molt plàcida i fent trapelleries.

Quan i com decideixes dedicar-te a l'educació?

La meva tieta era mestra en una escola unitària, això m'agradava. M'explicaven que quan venien els meus cosins a casa volia tancar-los a tots en una habitació per explicar-los coses, mentre deixava que els grans parlessin; tots els cosins volien venir el dia del sant del pare o de la mare per estar en aquella habitació. Els explicava contes i no recordo gaire cosa més, però m'agradava estar entremig de criatures.

I vas decidir ser mestra.

Vaig decidir ser mestra als 10 anys, seguint les passes de la meva tieta. La idea que tenien era que fes magisteri perquè era una carrera curta i després em quedés al negoci familiar, però no va anar així. Al matí havia de tocar el piano i a la tarda estava al negoci; però quan vaig acabar magisteri i vaig entrar a l'escoltisme vaig dir que ho sentia molt però que me n'anava a fer de mestra. Vaig entrar a Talitha, que va ser un referent important per a mi. A mig curs, la Teresa Codina, que era la directora, em va preguntar què em semblava i li vaig respondre que no em veia tota la vida explicant el groc, el verd i el vermell. En aquella època hi havia la Maria Antònia Canals, que era una referent en matemàtiques. I em van suggerir que anés a la universitat i continués estudiant. A casa em van dir que no podien fer-se'n càrrec, que no era filla de rics, i vaig continuar treballant de mestra de nocturn per poder contribuir a pagar els estudis.

I després?

Vaig fer psicologia i a partir d'aquí ja vaig començar en escoles de renovació pedagògica; vaig muntar una escola d'educació especial, l'Heura del Vallès a Terrassa, i aleshores ja vaig entrar a totes les etapes educatives. He exercit a infantil, a educació especial, a primària, a secundària, nocturn... Per tant, tenia gent de 17, 18, 19 i 20 anys... i de 40.

Ara estàs jubilada però no pares.

Com puc deixar de ser mestra? He trobat la carrera de la meva vida, si després de cinquanta-tres anys de dedicar-m'hi descobrís que m'he equivocat m'agafaria una depressió molt forta. Faig postgraus, grups en família, grups amb el professorat, claustres...

Després d'aquests cinquanta-tres anys creus que ens prenem l'educació més seriosament o menys?

Som en una muntanya russa i em dol. Jo entenc el professor, me'n sento, però amb tantes retallades els mestres se'ns han atabalat i estan desanimats. Això no ens ho podem permetre, i no és la primera vegada que ho dic, ratlla la immoralitat. I una de les frases que repeteixo més sovint és: «Mireu els ulls d'un infant, i davant uns ulls d'un infant em són iguals les retallades, ara estic amb aquesta criatura, amb el grup». Tenim criatures amb necessitat de gent engrescada, de gent que sedueixi a aprendre. I no és veritat que la canalla no vulgui aprendre, no és veritat que l'adolescència no vulgui aprendre, no tenim dret a expulsar els nens del centre educatiu.

O sigui que reivindiques la responsabilitat del mestre al marge de les circumstàncies.

Sí. Perquè els fem fora i ens vénen els ajuntaments amb plans d'absentisme. Volem portar l'absentista a l'escola i al cap de deu minuts torna a ser fora. Perquè, és clar, pregunta què estan fent i li responen que calli o marxarà. I com que no calla, li fan un altre comunicat i el fan fora. És un cercle viciós i no ens ho podem permetre. Des dels ajuntaments hi ha una certa voluntat de resoldre parcialment el tema, amb diferents models, amb els PQPI (programes de qualificació professional inicial), però el que no es pot fer des dels centres educatius és que als 16 anys els fem fora dient que no serveixen per a res. En aquest sentit estem fallant.

Creus que és cansament?

Cansament i manca de debat pedagògic. No hi ha una dinàmica de repensar. S'han de fer canvis però no els estem fent. Les escoles s'han tecnificat massa. Fem matemàtiques, fem això i allò altre, i després fem educació emocional... Però sabem cap a on anem? Primer seduïm el professorat jove perquè realment s'arremangui. Tenim professors joves que no volen canalla de colors i altres que volen un horari molt tancat. Jo també reivindico la qüestió laboral, però hi ha un moment en el qual s'han de fer sortides a l'aire lliure. I anar d'excursió amb tot de monitors perquè tu t'asseguis i t'ho facin tot... El joc ha desaparegut de l'escola, ni tan sols a infantil es juga. Vigilem les criatures i prou. Els netegem els mocs, els vigilem i ja està. I aleshores veus canalla que perquè és d'un color determinat ningú no la busca per jugar.

Hi ha coses de l'educació del lleure que li anirien bé a l'educació reglada.

Imprescindible. Per exemple, aquesta actitud de gaudir, d'engrescar una criatura a jugar a tocar i parar. Tant se val, el que sigui. Jo recordo que quan era al pati i sabia que hi havia criatures amb dificultats em posava de màquina de tren i aleshores anava a agafar-los i feia que es donessin la mà pel darrere. I quan es deixaven anar els deia que la màquina s'havia desenganxat i si es tornaven a agafar s'havia acabat el problema. És bo jugar a cavall fort, amb els galifardeus de 14 anys.

Hi havia dies, però, que em quedava observant com n'havien après. Sempre mostraves les ganes de posar-t'hi, els cridaves pel nom i els convencies. I quan entraves a l'aula era una aula diferent, hi havia una dinàmica molt més planera, es coneixien d'una altra manera.

Cal sortir més de l'aula.

No creiem prou en tot el que és manual, de descoberta sensorial. A la canalla l'hem de portar al mercat, ha d'anar al bosc, ha de fer un herbari. Les criatures pensen que tot està a internet i quan van al bosc i senten un soroll s'espanten. I quan veuen un rap també. Les escates de les sardines no saben què són, ni els que viuen a la costa. De cuques de llum encara n'hi ha, un joc de nit, seure una estona al bosc a la nit i sentir el cant dels mussols.

La feina de mestre hauria de ser vocacional?

Vocacional i, si no, deixar-se seduir. La canalla ens sedueix. Quan veus aquells ulls... Com volem que les famílies sedueixin les criatures, que a més a més les han de portar a dormir? I si escoltem un infant que comença a fer preguntes, és fantàstic.

Hi ha un moment en què deixen de fer preguntes.

És clar, perquè responem: «Calla, ara no, mira-ho a internet», i ja l'hem vessat. Als 3 anys es fan preguntes molt profundes. No fa pas gaire un nen em va mirar i em va preguntar: «Tu què penses?». Em vaig girar i vaig exclamar: «Qui ho ha dit això? Aquest patufet em pregunta què penso?». I després els diem que s'asseguin i pensin. Els hem ensenyat a pensar? Resulta que no. Ara fem que tot estigui molt vinculat amb el món de la salut, i quan aquesta mirada entra en l'educació es patologitza qualsevol cosa. Ho deshumanitzem i ho cientifitzem tot.

I sobreprotegim.

A la universitat els pares et vénen a reclamar la nota del seu fill i et retreuen que li tens mania i que per això no pot acabar. I això empitjora amb el temps.

El teu mètode és pensar una mica més.

Sí. «Escolteu, atureu-vos i seieu una estona»; això és el que proposo moltes vegades. Agafeu un diari, encara que sigui l'hora de sopar i estigui per fer; seieu, llegiu el diari, relaxeu-vos, digueu que sopareu tard un dia, dos o tres, a veure què passa.

Trobes que els pares estem acomplexats.

Us han acomplexat moltíssim. Hi ha molts especialistes de donar lliçons: és que si no feu això fatal; és que llavors el traumatitzareu; és que si no ja ho veureu, agafarà una depressió; no té autoestima...

Estem acomplexats per culpa dels experts, però també perquè probablement hem dedicat poc temps als fills i tenim mala consciència.

Però és que abans encara s'hi dedicava menys temps. La gent no tenia ni un mes de vacances i treballava dotze i catorze hores diàries. Per què ens angoixa pensar que estem treballant? Si necessitem i creiem que hem de treballar, la criatura ha de saber que és interessant el treball i, per tant, potser s'haurà de sopar més tard. És a dir, hem fet un problema de la vida; si la vida és aquesta, quina sort que tinguem feina, perquè els que no treballen –perquè no troben feina– encara ho tenen pitjor. A més, si a la feina ho passem fatal, serà pitjor; per tant, sí que val la pena intentar no deixar-nos atabalar. El món és així, visquem-lo plegats i tan bé com puguem, i si és possible esgarrapem un dissabte o un diumenge, o anem un dia a la nit al cine, o esperem a les vacances, i entre tots tirem endavant.

El tema clàssic continua sent el càstig, la disciplina, o com aconseguir que ens facin cas i què podem fer.

És clar, però, d'altra banda, quan la canalla és responsable necessitem menys càstigs. Si participa, bé; i si hi ha un dia que no vol participar, llavors seiem a llegir el diari; per què ens hem d'enfadar? A vegades els dic que trencar algun plat pot ser interessant perquè permet rebaixar la tensió. Si a la cuina se't trenca un plat, tothom ve corrent per preguntar què ha passat. Aleshores es recull l'escampall i a continuació podem anar a fer el sopar. És com un toc d'atenció que un altre dia pot ser un crit.

Pel que fa al dormir, dels dos corrents de moda, Estivill o González, on et situaries?

Al mig. Al centreesquerra. És vital que la criatura se senti estimada, però tenim moltes maneres de demostrar-ho. El fet de no castigar és una manera que se senti estimat si mires de raonar-ho: «Escolta, què ha passat? Ho hauríem de resoldre. Penso que hi ha un moment en què això no va bé i, per tant, necessites descansar i jo també. Com ho fem?». Podem llegir-li un conte i després anar al llit, i si no pot dormir donar-li una mica d'aigua, que compti xais... Podria ser una manera d'afavorir-ho.

Però cal ser molt rígid?

Vaig haver de marxar de l'escola d'educació especial que havia creat per culpa del conductisme. Això va ser quan va entrar professorat nou perquè havia crescut molt de pressa, i van arribar amb la idea del conductisme. Com que, a més a més, se suposava que els nens amb greus dificultats no entenen res, els rentaven la boca amb sabó! I aleshores vaig demanar que féssim un curset de conductisme i un d'educació. Per mi l'educació és donar la mà al nen perquè vagi caminant més o menys recte i, d'altra banda, és el vincle d'estar al seu costat. Com que era una cooperativa, com a col·lectiu va decidir que l'escola fos conductista i, per tant, vaig marxar jo.

Per tant, el conductisme l'associes a l'ensinistrament.

Sí, contundència i «jo mano aquí i tu calla que no hi comptes». Quan ells havien d'observar al pati les criatures per ser bons experimentadors i poder modificar-ne la conducta, vaig avisar que els portaria la contrària en tot. Per a mi no hi havia cap conducta a extingir, sinó totes a potenciar, i em deien:

«I si mossega?», i jo contestava que ja ho veuríem. En aquella època jo sempre duia a les butxaques xapes o pedres, que per a mi eren els elements màgics. Quan anàvem al pati jo seia a terra i quan els nens es començaven a atonyinar em posava a fer caminets amb les pedres i tots venien al meu costat. Els altres mestres em retreien que els havia esguerrat l'observació. Semblava que només volguessin veure com es barallaven i no pas com jugaven. Quan mires els ulls d'un infant i t'hi acostes, saps què necessita; el sedueixes, i aquesta seducció, més l'afecte, és el que em porta a estar més a prop d'ell que no pas l'ensinistrament, el càstig i el control.

Es tracta de ser més al seu costat.

Una vegada, la meva filla no volia menjar una cosa i em va dir: «M'agrada molt i tinc gana, però no m'ho menjaré». Li vaig contestar que era el que hi havia, però va respondre que si s'ho menjava, vomitaria. Va començar a menjar-s'ho i ho va vomitar. Vaig ajudar-la a netejar-ho i li vaig anunciar que li'n posaria un altre plat perquè si anava a dormir així li faria mal la panxa. Al mateix temps estava donant de menjar al seu germà de 10 mesos, que va començar a protestar i va treure una glopada. Ella m'observava per veure què faria, i li vaig dir exactament el mateix al bebè (que no va entendre res). Quan vaig anar a fer les segones farinetes vaig sentir que ella se li acostava i li deia: «Marc, amb aquesta dona no te'n sortiràs». No podia sortir de la cuina perquè no em veiessin rient. Curiosament, el bebè es va menjar les farinetes sense problema; i ella, la sopa, i me'n cantava les excel·lències, que estava boníssima, que li agradava tantíssim... Una abraçada a cadascú i tots dos a dormir.

Això requereix temps.

I paciència, sobretot. Però són vivències. Veure la reacció d'un nen és apassionant.

Exagerem i dramatitzem l'adolescència?

I tant. Però que no heu estat adolescents també? Que ho passa malament? L'adolescent no sap com acabarà la seva història, tu sí perquè l'has passada. Lògicament té molts neguits: com acabarà el seu cos, si tindrà un pit més gran que l'altre, si li sortirà pèl, si s'enamorarà, què passarà, si durarà gaire, la primera relació... És tota una intriga molt forta la que tenen. Si ens veuen a nosaltres atabalats no sabran qui els ajudarà en aquest món. La nostra feina és dir-los que estiguin tranquils i en alguns moments que sàpiguen que han de vigilar perquè, és clar, després tenim els neguits nosaltres: què portaran, què faran, que no consumeixin... I els adolescents avui ho tenen més difícil que no ho van tenir els seus pares. Val més que trobin uns adults serens, que els puguin acompanyar, que els abracin si volen i quan vulguin, que estiguin disposats a parlar... I que assumim aquesta dialèctica, perquè hi ha famílies que tenen uns arguments tan contundents que et desmunten.

Pensar que és una negociació permanent o que els hem de convèncer de tot és un error?

No els podem convèncer, i moltes vegades interiorment estan convençuts però ens demanen arguments. D'altra banda, quina mala imatge donaria un adolescent que digués als col·legues que se'n va perquè el seu pare l'ha convençut, perquè el seu pare li ha dit que no. No ho pot dir als seus iguals, ha de queixar-se que no el deixen, que sembla mentida, que no hi ha dret…

Veus millorable la relació entre famílies i mestres?

Molt millorable. Diria que estem a l'1%, al 5% en el millor dels casos.

Hi ha cap culpable d'això?

Sí. Bé, m'agrada més dir-ne un causant.

Qui?

En aquesta relació el rol important l'ha de tenir el professorat perquè ells són els professionals de l'educació, no pas les famílies. Ho ha de liderar el mestre, no explicant el currículum, sinó explicant què és un infant de 5 anys i què és un adolescent de 14, perquè han de saber quin és el personatge que hi ha a casa. Hi ha famílies que no van a l'escola perquè a la primera reunió els expliquen el currículum. La família que ja hi ha anat tres vegades ja se'l sap, i les que hi van per primera vegada no entenen el que són les esses sordes, les sonores i les paraules esdrúixoles i, per tant, no hi tornaran més; després els cridaran quan el nen no vagi bé, però a l'agenda no s'hi posa que la família signi una nota que digui que l'escola ha anat molt bé, això fins i tot ho podrien escriure les criatures perquè la mestra no tingués tanta feina. Si els nens ensenyessin als seus pares aquesta agenda per signar-la, llavors sí que es convertiria realment en un vincle i en un lligam de comunicació.

Dóna'm algun consell útil per als pares.

Anar al mercat a comprar, fer tots els menjars conjuntament, rentar els plats...; és a dir, aprendre a viure, ensenyar-los a viure. És interessant que vagin a comprar amb els diners, la primera o la segona vegada se senten estafats i et comenten que els han donat molt poc pel preu que han pagat. És important saber el preu de les coses, com saber triar el peix... Per tant, cal conviure al màxim el dia a dia.

No cal que tot siguin activitats planificades, oi?

I si és possible res de deures escolars, sobretot a l'estiu, però d'això no ens n'estem sortint. Millor trobar petxines a la platja, parlar amb la gent del poble... Si anem a un poble, s'ha de viure, perquè és molt interessant parlar amb la gent dels llocs i sentir com parlen. Anar a la subhasta del peix, per exemple, i veure-hi la gent són coses que no trobaran a cap llibre i tenen impacte, i de tot això, se n'aprèn molt.

Jaume Funes

© Pere Tordera

Jaume Funes Artiaga (Calataiud, 1947) és psicòleg, educador i periodista. S'ha especialitzat en el món dels adolescents i dels joves, i específicament en les seves dificultats socials i educatives. Ha treballat en l'àmbit escolar, en la renovació pedagògica, en les polítiques d'infància i joventut. Va ser membre fundador de l'Equip Psico-Socio-Pedagògic Municipal de Cornellà de Llobregat i adjunt del Síndic de Greuges per a la Defensa dels Drets dels Infants entre el 2004 i el 2007. Entre altres llibres, ha escrit *El lugar de la infancia* (2008), *Educar en la adolescencia. Nueve ideas clave* (2010) i *Cal fer deures?* (2015).

21 de juliol del 2014. Per allà on passa Jaume Funes hi ha una certa polèmica, però ell no és un polemista. És un tros de pa, un enamorat de les criatures, sobretot dels adolescents, i un home valent que mai no calla res del que pensa i que decideix dir veritats incòmodes per no caure en tòpics que ens volen espantar sobre els nostres joves. Si educar requereix amor incondicional, Funes és un educador sensacional. Passejar amb ell per Cornellà i veure com reconeix els joves –amb la majoria dels quals comparteix alguna història– reconforta amb la idea de l'educador global i confirma que la feina comença al carrer.

Com et van educar?

Jo vinc d'un poble molt petit d'Aragó, Calataiud, i a més del barri que en deien Casas Baratas. Allà anava a l'escola, la que hi havia aleshores, amb mestres de tota mena: primer en vaig tenir un de molt autoritari i després d'altres d'estils molt diferents; i vaig anar sobrevivint en aquest context, en el de l'escola tradicional que encara ara alguns magnifiquen. Pel que fa a la família, érem cinc germans i el pare treballava de sol a sol per tirar endavant, fins que vam emigrar cap a Barcelona. Vaig tenir una mare veritablement amable i pensadora; i un pare que, pobre, la seva gran alegria de la vida era que els fills tinguessin l'èxit que ell no havia tingut. Quan estava jubilat era terrorífic perquè si trobava un amic no feia més que parlar dels seus fills i del que havien fet. Crec que vaig patir la pitjor de les escoles possibles, però sortosament, i malgrat això, en alguns dels internats o amb el temps, sobretot, vaig descobrir dues coses: que valia la pena pensar i que hi havia una gran diferència entre ser llest i ser intel·ligent. Que sí que hi havia gent que resolia problemes però que no llegia ni una ratlla ni pensava. Tota la meva vida ha estat una lluita entre el discurs professional i el discurs de la vida. Sortosament, vaig trobar persones adultes sensates, estimulants... A la meva joventut vaig descobrir especialment el moviment obrer, la lluita al Baix Llobregat i la lluita contra el franquisme.

Els meus pares també són dels que se senten orgullosos d'haver donat estudis als seus fills.

Sí, és aquella cosa que deien els pares d'abans i que avui faria riure: «Fill meu, jo no tinc diners i no et puc deixar una herència; estudia perquè la llavor que ara sembris serà el que recolliràs el dia de demà». El pare un dia em va donar diners dels seus petits estalvis perquè pogués comprar un llibre que ell òbviament no entenia, i el títol del qual li semblava esquerranós perquè era sobre el marxisme i l'humanisme. Que dels seus estalvis pogués fer que un fill llegís i escrivís! Vaig començar a fer de corresponsal clandestí de *La Vanguardia* i la primera vegada que el meu pare va veure una crònica meva va ser molt feliç. La seva vida estava al servei dels èxits dels seus fills.

I ara ets un especialista en educació. I en l'adolescència.

He intentat dedicar tota la meva vida a la lluita per una educació raonable.

Quan et vaig conèixer vaig pensar que eres un expert a favor dels adolescents i no dels pares.

M'han dit que era un apòstol dels adolescents i que tenia la síndrome d'Estocolm amb els adolescents. Hi estic d'acord relativament, perquè jo m'he barallat amb adolescents *porreros* i amb els que volen contestar la societat a través de les plataformes anticapitalistes, he anat a discutir amb ells i a parlar-hi. No els donaré la raó, però em molesta molt la gent adulta que pensa que l'única lectura possible del món és la seva. Home, para't una mica a mirar-los i a escoltar-los. Jo no vaig de col·lega, entendre'ls no és justificar-los. Entendre què passa pel seu cap no vol dir que el que fan o el que pensen sigui correcte. Se'm veu com un personatge positiu en el món dels adolescents, perquè domina tant el pensament negatiu que ja està bé que algú canviï de banda.

Ara vivim l'adolescència com un drama.

Acabo tenint una professió que és com fer de bomber social. M'amago moltes vegades perquè, per qualsevol problema sobre els adolescents, sembla que hagi de sortir algú que interpel·li: «Voleu dir que és així?», «Voleu dir que les xarxes només són riscos?», «Voleu dir que fumar porros és ser drogoaddicte?», «Voleu dir que discutir sobre l'hora d'arribar, plantejar-li allò de dormir fora de casa o experimentar amb el sexe, no són qüestions de la vida que necessiten persones sensates perquè veritablement no esdevinguin problemes?». És la meva batalla contínua des de fa quasi quaranta anys.

No sé si millorem o no.

Jo intento ser optimista vital. Vull dir que vitalment miro d'estar animat; socialment, la veritat és que el moment no fa ser gaire positiu. És clar que, si penso en els meus temps a Cornellà, en l'època dura de l'heroïna en molts d'aquells nois que van morir per culpa de la misèria nostra de no facilitar que tinguessin xeringues... allò era duríssim. Van morir per la sida o per la policia. Estem parlant del final del franquisme. Hem millorat? No ho sé, estem en una altra complexitat que ens obliga a nosaltres a mirar-los d'una altra manera. Ni els nois de Cornellà es mereixien aquesta mena de tractament de delinqüents permanents, ni els *pijos* es mereixen ser etiquetats com a mercantilistes, consumistes i companyia. Són variables que val la pena tenir en compte per educar perquè tampoc els canviarem. El que hem de fer és pensar seriosament com podem ajudar-los i influir-hi.

L'adolescent necessita qüestionar-nos permanentment.

El problema és que a vegades ens queixem d'una contestació, que és la contestació a la norma, i els diem «Per què ho fas, això?», «Però què t'has cregut?». En canvi no entrem en una altra contestació, les preguntes impertinents que posen en crisi el teu model de vida, quan veritablement un bon adolescent hauria de dir: «Mira papa, els arguments que tu tens per viure són una tonteria, espavila't». Aquest tipus de contestació l'hauríem de rebre com a positiva.

A vegades t'incomoden perquè tenen raó.

Ho fan justament per provocar i posar-te en crisi.

L'adolescència existeix fa poc.

Jo no en vaig tenir d'adolescència. Encara potser vaig tenir sort perquè vaig estar uns anys internat estudiant fora, però als 15 anys ja feia d'ajudant de mecànic en un taller i als 17 i 18 vaig estudiar tant periodisme com filosofia treballant, vaig estar en una obra…

És un invent, doncs, l'adolescència?

És un invent vinculat al sistema productiu, al fet que quan no es necessita mà d'obra i hi ha prou riquesa com per permetre que, en lloc de treballar, els joves estudiïn. El que passa és que, un món tan globalitzat com el nostre, un nen de 12 anys d'un carrer de Medellín no és un adolescent sinó un infant que intenta sobreviure. Encara que les realitats no siguin les mateixes, s'acaba fent una certa extrapolació globalitzada de la nostra adolescència, que és la que somien moltes vegades aquests nois de Medellín i per això emigren, busquen o vénen aquí. Els fills dels obrers no van tenir adolescència fins als anys setanta.

Un adolescent és un individu que s'està plantejant qui és, què hi fa, aquí, i quin futur l'espera.

Aquest és un tema etern que començava amb la imatge tòpica de Narcís mirant-se al mirall per aclarir-se, per saber qui era o no, però que en la nostra societat passa per un conjunt de vicissituds importants. Primer, com que es necessiten molts anys per aclarir-se, fem moltes provatures: podem anar penjant fotos contínuament, cada mitja hora, a veure si els altres consideren que aquesta és la nostra identitat gràfica o no. Vivim en una societat en la qual no hi ha un model d'identitat únic i, per tant, hem d'assumir clarament que serem diverses coses. De fet, objectivament, els nois que tenen més inseguretats són els que adopten només una identitat. A més, l'hauràs de compatibilitzar i discutir amb aquest noi que per a tu és un moro, però que també és un adolescent amb desig de ser com tu i que té una altra història. Són temps per donar petites seguretats, perquè si no la identitat d'aquests nois pot ser una mena de volada que va canviant i que no té estabilitat. Però ha d'assumir que s'anirà modificant, que anirà aixecant l'àncora i anirà a una altra cala o a un altre port més tranquil.

Creus que han canviat molt els joves amb les pantalles?

He defensat, i crec que amb raons, que la societat de la informació i la comunicació afecta fins i tot la psicologia dels mateixos nois i noies, és a dir, afecta la forma de pensar, de raonar, d'entendre el món, de valorar o no la informació i d'integrar-la... També afecta les relacions, perquè si un jove es passa tot el dia amb una pantalla i no la pot deixar –com veiem sovint al metro– el seu ésser és un ésser connectat, i això conforma o impacta en una determinada manera de ser adolescent. Quan els psicòlegs explicaven el pensament concret, el pensament abstracte, el pensament formal i el pensament científic, estaven explicant un procés de raonament segons el qual primer rosegaven les joguines, després les ajuntaven, provaven i comprovaven com queien i, finalment, deduïen que hi havia d'haver alguna regla per fer-les servir. En aquesta seqüència no existia una cosa brutal com ara la realitat virtual, que et dóna la possibilitat de canviar-ho tot a la pantalla només prement una tecla. Això obliga a una lògica diferent i cal pensar seriosament en dues coses. Una és com ajudes a estar informat, a integrar, conèixer, saber, pensar, dubtar i raonar tenint en compte aquesta mena d'instrument; i l'altra és com introdueixes en aquest món els valors, els criteris i la manera de ser persona, és a dir, eines que humanitzin d'una altra manera però no eines que deshumanitzin. En lloc de pensar en això, encara estem discutint si han de tenir o no accés al Facebook quan arriben a classe.

Intentem posar-hi uns límits sense primer entendre el que suposa.

Els hem d'ensenyar a escriure a partir de WhatsApp i Twitter perquè és el lloc on és més complex escriure i a partir del qual es pot ensenyar a escriure adequadament. La pantalla és el lloc on han escrit més caràcters tota la seva vida, i encara s'està discutint si això és llegir i escriure o no. És una forma d'interactuar amb la informació, i el més important és que mantinguin la curiositat per llegir, seduir i descobrir.

L'accés al porno condiciona? Té a veure amb el neomasclisme?

És un dels temes que cal pensar seriosament. Tots hem construït la sexualitat en funció d'estímuls exteriors, un servidor era de les pel·lícules de la Sofia Loren, més tard vaig tenir la sort que va arribar l'*Interviú* i vaig veure algunes senyores despullades; i ja després les pel·lícules més o menys pornos que vèiem a Perpinyà, i finalment aquí quan van venir a les sales X. És una seqüència a través de la qual hem descobert la sexualitat. Ara no trobaries cap noi que passés una foto per sota la taula a l'escola, ni tan sols el corresponent calendari de noies al taller mecànic. Hi ha immenses possibilitats de descobrir com són els homes i les dones, com es relacionen, com fan l'amor, com follen... Tot és totalment accessible. Entremig, com a pare, mare o tutor, has d'introduir alguns interrogants. Tot s'hi val? Tot és igual? Potser val la pena tenir sexe i amor. Pots fer-ho amb qualsevol? Tu mateix, però és probable que el balanç que tinguis al final no sigui positiu. Difícilment hi ha sexualitat sense llibertat. La vida no és exactament com la veus allà, perquè és bastant complicat lligar amb un noi o una noia, i la primera vegada segur que ho passes fatal. El més important és que tinguin dos minuts per pensar si valia la pena i si de debò els petons li van agradar o no. Tot aquest procés no el fem.

El missatge és aquest: anem pensant sobre el que fem.

Si tu no penses, no ets persona. Podem dir: «Jo vull divertir-me, no vull pensar», però hi ha algunes coses que no et queda més remei que pensar-les. Segona qüestió, si tu no penses, hi haurà algú altre que pensarà per tu, i a sobre et dirà que ell pensa com tu; per tant, tu mateix. No dius que no vols que et venguin motos? Tu mateix. Tercera qüestió, avui, en general, el que més pensa és el mercat. Tu ets, veritablement, el consumidor més apreciat i desitjat pel mercat. Per tant, vigila, perquè no et vendran idees sinó marques i et faran pensar que la millor manera de fer-ho és pensar en marques, no en idees. I, a més a més, vigila perquè tornen temps de catecismes, et vindran homes polítics, filòsofs o religiosos que et vendran fonamentalment una cosa, que hi ha una idea, que aquella és la veritable i que no es pot discutir, ni criticar, ni pensar.

Cal entendre la complexitat...

I no perdre la idea que s'ha de pensar amb criteris científics: no podem substituir una religió per consultar el tarot cada dia, siguem seriosos. Hi ha unes regles per pensar, no cal que te'n vagis a la medicina alternativa només perquè ja sabem que l'oficial és un desastre. Posem-hi una mica de criteri, vegem què ens estan venent. I especialment hem d'acceptar una cosa –que a tots els éssers humans ens costa, i a un adolescent encara més–, que és la inseguretat de saber que no totes les respostes duraran sempre, o que són relatives i n'haurem de buscar altres. Aquesta incertesa vital, per a un adolescent que en viu una de permanent, és complicada si no té algú al costat que l'ajudi a viure aquesta incertesa. I acaba enganxant-se a qualsevol solució.

De qui són els adolescents? Qui els ha d'educar?

Fa poc em feia la pregunta a propòsit d'aquesta llei de règim local que diu que els ajuntaments només s'han d'ocupar de les escombraries, de la policia local i prou. Jo deia que quan els veïns vagin a protestar a l'alcalde que no tenen escola, que no mengen o que els adolescents són uns gamberros i trenquen els fanals, de qui serà competència? Vivim en una societat on hi ha una certa tendència que cada vegada que apareix una complexitat educativa, diem: «Ah, jo d'això no en sóc responsable, que vingui algú que ho arregli». De qui són els adolescents? La resposta que es dóna és: «De l'escola secundària. Quan es va crear l'adolescència obligatòria, es va crear l'ESO: que vagin, doncs, a l'escola». Però potser l'escola el que vol és el contrari, no volen ni saber que són adolescents, volen alumnes que estudiïn, però no que siguin de l'escola. Doncs hauran de ser de l'alcalde o de la policia local. La idea de fons és: qualsevol professional adult que es troba amb un adolescent és un educador, i l'adolescent és seu en part. És a dir, si et relaciones amb un adolescent, ja sigui en la pediatria o fent de policia de barri, has d'assumir que en part ets un adult que influeix en la seva vida. Hem passat de pensar que els fills són nostres quan són petits a pensar que quan són adolescents no són de ningú. Són una mica de tothom.

Passem de la sobreprotecció a l'abandonament.

És ben bé això. I has d'aguantar que el teu fill no sigui com tu havies previst.

Els temes de les drogues i el sexe són els clàssics. Perduren?

En realitat, els clàssics haurien de ser els riscos. Sempre parlem de factors de risc com a variables negatives. Quan la mirada és de l'adolescent, el risc és positiu. No hi ha conducta que sigui atractiva que no tingui components de risc. La discussió és com prens consciència d'aquest atractiu del risc; com aprens que no ets invulnerable, que per molt que et llancis al buit no rebotaràs, que no voles, que no ets Superman. I decideixes tu, però has de començar per protegir-te. Pots viure tot arriscant tant com vulguis, però fes el favor de posar-te una mena d'*airbag* vital que et permeti no destruir-te quan t'arrisques. La lectura adulta és la contrària; ens protegim, posem una campana de vidre, mirem que no hi tinguin accés, prohibim...

Toca educar-los per controlar el risc.

Cal educar subjectes que aprenguin a limitar l'atractiu del risc, subjectes que sàpiguen dir: «Això és atractiu, però potser hi ha altres coses que són atractives i menys perilloses». Però, a més a més, que diguin: he d'aprendre d'aquestes experiències i tenir el meu criteri, no tinc per què emborratxar-me com ho fa el del costat, sinó que potser acabaré valorant si val la pena estar mig trompa o més trompa, o ni una cosa ni l'altra. Però això és educar, educar per gestionar els riscos; assumir que s'arrisquen, que tenen dret a protegir-se; que la discussió sobre el preservatiu no és una discussió de pares, sinó d'adolescents. Assumir que poden prendre decisions i equivocar-se, però garantir que els ajudes a aprendre de l'equivocació. I això, en aquesta societat, a vegades costa molt.

Cal educar-los abans que siguin adolescents.

Hi ha una manca de fe en el que hem fet abans. Quan el meu fill gran era adolescent deia: «Però papa, tu per què et preocupes per saber què he fet un dissabte a la nit, o quan arribo? Que no m'has educat bé? Doncs tranquil!». Primer hi ha una gran desconfiança, quan en realitat no hauria de ser així. Tot entra en crisi, però torna a reaparèixer la feina feta quan més o menys s'estabilitza. Segona qüestió: han de ser persones felices, però han de ser persones per elles mateixes, no han de ser el nostre projecte. Has de deixar que prenguin decisions i que en prenguin moltes que no t'agradaran.

O que et semblin clarament equivocades.

I has d'ajudar perquè aprenguin de l'equivocació. A vegades notes que les coses han funcionat bé, i penses que és raonablement feliç, que més o menys té criteris, respecta els altres, és acceptat, conviu amb altra gent, no li és igual la injustícia... Són aquest tipus de coses les que hauríem de valorar. Les altres, si per ser feliç en comptes de prendre un whisky es fuma un porro, jo què vols que et digui, aquest no és el problema, sinó si veritablement ha descobert que pot ser feliç sense aquestes coses.

Quan ho expliques sembla fins i tot fàcil.

Quan em pregunten com he aguantat tants anys dedicant-me a aquesta història dels adolescents de la qual en general tothom en fuig, responc que penso que treballar amb adolescents impedeix ser conservador. El conservador és una persona que sempre està exclamant: «Si les coses eren així, per què han de canviar?». Si dic això a un adolescent es farà un tip de riure. Quan veus els ministres, consellers i companyia, parlant del que faran els adolescents a l'escola, no pots evitar de dir-los: «Us heu parat a mirar la cara que posarà l'adolescent quan els feu fer això?». Estem obligats a innovar perquè continuem volent educar-los, i sé que la fórmula ja no val, hem d'inventar-ne una altra. Jo sóc un carrossa, però cada dia intento pensar com reaccionarà un adolescent quan a mi se m'acudeixi suggerir-li segons quines coses.

Trobes estrany que un jove no sigui rebel.

A Navarra em van fer una entrevista sobre joves i l'entrevistador va i posa com a titular: «No es pot ser jove i del PP», ocupant quatre columnes de la portada. Home, doncs sí. Diràs que és una contradicció amb la natura. Tampoc és allò de dir que quan s'és jove s'ha de ser crític i després s'ha de ser un ministre, no. A un adolescent no li ha de semblar bé el món on viu, i si li sembla bé és que veritablement l'hem domesticat, no l'hem educat. Aquest és un món absurd, molt poc coherent, que a una persona que està descobrint la vida no li pot semblar bé de cap manera.

Al final la rebel·lió pot ser superficial.

Podem anar a comprar tot el que vulguem amb el nostre fill, i accedir a tots els diners, però hi haurà un moment que en voldrà més, i aquest voler-ne més tindrà a veure amb el fet que l'ajudem a ser crític, a pensar, a descobrir... Si no hi troba aquest valor, entrarà en una corba impossible, només és el pensament ètic el que ajuda a limitar plaers i felicitat. Un ha de ser feliç i ha de tenir plaer, però si tot el plaer es basa en els diners ho tindrà complicat.

Hi ha molts joves que pateixen.

Entendre el manual d'instruccions d'aquest món és per a notables, com a mínim, i no està a l'abast de tothom. N'hi ha que es queden despenjats perquè no s'aclareixen en aquest món, i d'altres que fan seu el manual i diuen: «Aquesta és la meva vida». No pots demanar a un adolescent que respecti l'autoritat, que no contesti al mosso que té al davant, que a vegades no saps si és més pocavergonya el mosso o el noi. Tu no pots proposar-los que presentin una instància per canviar les coses. Has de permetre algun mecanisme socialment empipador, igual que és empipador amb el seu pare, perquè pugui contestar a la societat en la qual viu. Si no, entraràs en una espiral de complicacions. En el món adolescent, aquest marge de la radicalitat en la contestació hem de gestionar-lo, perquè altrament ens acabarem creant uns altres tipus de problemes.

Veig que continues sent apòstol dels adolescents.

No ho puc canviar, és com si fos mossèn i deixés de creure en Déu, no pot ser.

Eva Bach

© Francesc Melcion

Eva Bach Cobacho (Manresa, 1963) és pedagoga, mestra, orientadora i terapeuta familiar, formadora de formadors i escriptora. Pionera en la introducció de l'educació emocional en els àmbits escolar i familiar a Catalunya, és autora, entre altres, dels llibres *Des-educa't* (2004), *El divorcio que nos une* (2007), *Adolescentes, qué maravilla* (2008), *Por amor a mi familia* (2013) i *La bellesa de sentir. De les emocions a la sensibilitat* (2015).

17 de juny del 2015. Eva Bach arriba amb un llibre sobre les emocions sota el braç i amb l'entusiasme que la caracteritza i encomana. No faig cap xerrada que no la citi pel seu llibre Adolescentes, qué maravilla, *el qual em va rescatar de l'allau de manuals que porten la paraula* auxili *en el títol i que ens conviden a sentir terror cap als nostres fills quan els canvia la veu i els creixen quatre pèls. Ella pensa el contrari. Té una capacitat màgica d'analitzar les frases que deixem anar sense reflexionar-hi gaire i per suggerir-nos les que hauríem de dir, perquè educar és comunicar i massa sovint perdem la raó per la boca. Amb ella, educar amb amor i amb humor està garantit.*

Què és educar?

És extreure una cosa que ja tenim dins. No és posar alguna cosa de fora a dins, sinó ajudar a extreure-ho i a fer-ho florir i brillar. És el tresor que cadascú té.

Ajuda'm a trobar verbs que fa servir un educador. Has dit ajudar, també impulsar, orientar...

Orientar, cuidar, abonar... En el sentit de fertilitzar i posar les condicions. Acompanyar... També refermar i reconèixer, o respectar, que és importantíssim. Respectar el temps, les necessitats, les potencialitats, els moments, les limitacions, els sentiments...

I estimar?

I tant.

L'educador professional també incorpora l'obligació d'estimar?

És imprescindible, és la clau. Jo crec que l'educador ha d'estimar l'ésser humà, ja sigui la canalla, els adults... Els éssers humans que tenim davant. No és un amor universal, sinó particular a persones concretes. Ha d'estimar el que fa, la feina que fa. Però ha d'estimar més les persones que la feina.

Què distingeix un bon mestre o un bon educador?

La capacitat d'aportar dosis equitatives de passió i d'emoció pel que es fa i a la vegada de competència per allò que es fa. Durant anys he estat fent una pregunta a mestres, pares i mares, passant-los un qüestionari en el qual els demanava què destacarien d'aquell professor o professors que més els havien agradat, i és curiós que totes les dimensions del saber i la competència professional quedaven bastant eclipsades pel vessant humà i de tracte personal. Per la capacitat de motivar-los i animar-los, que són verbs que també podríem incorporar, i d'impulsar aquest potencial.

I com ens veus, als pares?

Jo sóc una privilegiada perquè em vénen a parar els pares que estan molt implicats i compromesos en l'educació dels fills i filles.

Sovint estem acomplexats o espantats.

De vegades hi ha angoixa, i a aquestes persones les has d'ajudar a calmar-se. Penso que és un dels objectius essencials del treball amb pares: ajudar a tranquil·litzar els que estan sobrepassats, que tenen sentiment de culpa, que estan preocupats perquè pensen que no ho fan prou bé. Jo veig pares meravellosos, però potser no tinc una visió representativa del que hi ha. De vegades vaig per la vida i veig coses que m'espanten, i que jo em pensava que no existien. Com que els nens es fumin mastegots per qualsevol bestiesa. Em pensava que ho teníem superat i encara veig que es diuen «ets lleig», «no t'estimo».

Ens veus sobreinformats o despistats?

Desorientats, sí. Hi ha moltes consignes contradictòries. Què hem de fer amb el nen quan plora, l'hem de posar a dormir amb nosaltres o deixar que plori? Tenim representants de les dues tendències i els pares es pregunten per on han de tirar.

I per quin camí vas tu?

Jo vaig pel camí del mig, deixant sentir les coses dins i fent atenció al que ens diu la intuïció i el nostre sentir, i al mateix temps mirant pel bé de la criatura. No fer-ho per sistema, sinó anar calibrant en cada moment què pot convenir.

I això és el que en dieu educació emocional?

Són més coses. Hem d'estar molt contents perquè l'educació emocional no ha estat una moda. Se'n va començar a parlar als anys noranta, en continuem parlant, anem avançant, i ens preocupa, però crec que hi ha una visió reduccionista de l'educació emocional i de vegades l'acabem fent servir per continuar reprimint les emocions. Reduïm l'educació emocional a posar nom al que sentim, i busquem estratègies per regular-ho o contenir-ho. Jo crec que l'educació emocional és una porta i una clau al desenvolupament de la sensibilitat humana.

Ven-me l'educació emocional.

Ha de tenir tres objectius principals, el primer dels quals és ajudar a sentir-nos bé amb nosaltres mateixos. Ja no és només sentir-nos bé amb la vida, amb les persones que tenim al voltant o amb un mateix. Això és el que se'n diu dimensió intrapersonal de les emocions. Després vindria la dimensió interpersonal. Moltes vegades diem que és la capacitat de relacionar-nos amb els altres, però també és una cosa més. La nostra manera de sentir i gestionar les nostres emocions, com afecta els altres, se senten bé amb nosaltres? No és només preguntar-nos com ens sentim amb els altres, sinó com estan els altres amb nosaltres. La tercera, que és cabdal, la petjada que la nostra manera de ser i gestionar les emocions deixa al nostre pas. En el fons seria quina petjada deixem quan anem per la vida. Si deixem una petjada d'harmonia, benestar, conciliació o sensibilitat, o resulta que per allà on passem generem tempestes.

I no és perillós que estiguem reflexionant tant sobre les nostres emocions?

No. Per això aquestes tres preguntes són claus. Si tot el dia ens estem preguntant coses sobre les nostres emocions, segurament no estarem bé. Estarem molt angoixats, obsessionats. Per això és bàsic preguntar-nos com ens sentim amb nosaltres mateixos, com se senten els altres amb nosaltres i quina petjada deixem. Si ens falla la primera, vol dir que no estem portant bé l'educació emocional. Si ens falla una de les tres, al final se n'acaben ressentint totes.

I per què heu hagut d'inventar l'educació emocional?

Crec que durant molts segles hem tendit a reprimir el que ara s'anomena el món de la interioritat. El que ens passa per dins és allò que cadascú sent, que no tothom identifica, i que no tothom deixa veure. Moltes vegades algú s'esforça perquè els altres no ho notin. A vegades, la persona emocionalment bloquejada està intel·lectualment anul·lada. Llavors els nens i nenes, quan tenen un garbuix d'emocions considerable, no poden concentrar-se en l'aprenentatge, a créixer com a persones, i hem hagut de mirar per dins i ha aparegut el que se n'ha dit educació emocional.

Pel que fa a les emocions, gestionar-les és el verb que t'agrada més utilitzar?

A mi m'agrada utilitzar, com a sinònim de gestionar, regular i autoregular. Té a veure amb mirar que no baixi ni més ni menys aigua de la necessària. Que no hi hagi sequera ni riuades emocionals. Ni m'hi trenco el cap, ni visc totalment inconscient d'aquest tema. Crec que les paraules són moltes. Hi ha un reduccionisme segons el qual tot ho acabem amb verbs com conèixer i regular. També hem de connectar, legitimar, transitar per les emocions, comprendre-les...

Però a l'altre extrem hi ha l'emotivitat sense filtres, jo sóc així i dic les coses com em surten.

La persona que té aquesta espontaneïtat, el «jo sóc autèntic», normalment està molt bé amb ella mateixa, però i els altres? Com els afecta aquesta espontaneïtat? Sí que crec que amb les emocions s'ha de fer alguna cosa més que gestionar-les. S'han de transformar i comprendre. L'última cosa que s'ha de fer és transformar-les i donar-hi un sentit, que allò que ens inquietava ja no ho faci quan hi pensem. Que allò que ens sulfurava, ja no ens sulfuri i potser ens dibuixi un somriure. Això seria l'art de l'educació emocional. Si no, potser aprenem mecanismes per no escanyar ningú quan estem enrabiats, però continuem enrabiant-nos molt i ens ho passem molt malament, tot i que hem après a gestionar-ho. Hem de fer alguna cosa més. L'ideal és poder transformar això en una altra cosa.

Com ens empoderes perquè ho puguem fer nosaltres? O hem d'anar al psicòleg per educar-nos emocionalment?

No, en absolut. Pot ser que puntualment l'educació emocional requereixi anar-hi per restaurar coses que estan malmeses de base. A vegades hem de desaprendre coses per poder aprendre'n de noves, i a vegades una ajuda terapèutica va bé per fer-ho. Però no vol dir que haguem d'anar tots al psicòleg. Jo veig els pares molt capaços de fer-ho i d'avançar llegint, anant a conferències, assistint a tallers i fent formació... Per ser un gran nedador hi ha qui necessita fer més piscines o qui té un potencial especial. Hi ha gent que té potencial, llegeix un llibre i sap aplicar-lo de meravella.

En el teu llibre La bellesa de sentir, *la segona part està dedicada als pares i als infants, i reescrius els drets dels infants segons tu. El primer és el dret a ser educat i considerat com una persona que pensa i sent, a ser respectat pel que pensa i sent i a ser estimat pel que és.*

Ho reivindico perquè m'adono que massa sovint demanem als nens què pensen d'una cosa, què els sembla o què tenen al cap quan els esbronquem, i en canvi no els preguntem com està el seu cor o què els ajudaria a sentir-se millor... Aquests dos elements no estan prou equilibrats. Si tenim expectatives que no s'ajusten a la seva realitat i només els estimem, els frustrarem moltíssim, els generarem una inseguretat i una gran desconfiança i els malmetrem l'autoestima.

Més drets. L'infant té dret a ser considerat emocionalment capaç i a la confiança adulta en la seva bondat i el seu potencial.

Neixen amb un wifi emocionalment molt potent. Si nosaltres els ensenyem a processar les dificultats, pèrdues i caigudes, tindran recursos perquè quan caiguin es puguin aixecar. Si els estalviem aquestes coses perquè els considerem incapaços, aleshores quan ells es trobin amb dificultats s'hi hauran d'afrontar sols i desorientats. A més a més, ells capten les que hi ha dins la família.

Les criatures, neixen totes bones?

Jo crec que sí, però hi ha una altra cosa més important i és que la creença de l'adult en la bondat del nen o la nena fa emergir la bondat del nen o la nena.

Quan els diem «ets un desastre», estem contribuint que siguin un desastre?

Per descomptat. Al cap i a la fi, l'autoestima, que és el que els nens senten sobre ells mateixos i el valor que es donen, té a veure amb el que els pares els transmetem sobre ells. Això els ho transmetem sobretot a partir del llenguatge, i molt més a partir de les nostres actituds.

Un altre: el dret que totes les seves emocions siguin escoltades, legitimades i ateses.

Això no vol dir que s'hagin de deixar manifestar fins a les últimes conseqüències, però d'entrada han de ser escoltades. Amb això vull dir que quan els nens tenen emocions bones i positives, les fomentem, i quan en tenen de negatives o dolentes, les volem escapçar. Llavors vénen els «no ploris», «no està bé que sentis enveja»... Una mestra amiga m'explicava que el fet que un nen hagués guanyat un premi a l'escola havia provocat que alguns altres nens arrufessin el nas. Ella els va dir que estava bé que algú tingués enveja i ràbia. Llavors es van relaxar: això és legitimar les emocions. Si reconeixem que ens hauria agradat que ens haguessin donat el premi, potser podrem alegrar-nos una mica que li hagin donat a un altre.

Més. El dret a expressar el que sent i a no expressar-ho. El dret a rebre ajuda per expressar-ho adequadament i el fet que siguin respectats els seus temps i el seu estil emocional propi.

Sempre poso l'exemple d'una mestra que em va explicar que no havia aconseguit que un alumne seu plorés la mort del seu pare. Jo vaig respondre-li que el que havia d'aconseguir és que sabés que si volia plorar podia fer-ho. Si vol i ens necessita per a alguna cosa, nosaltres som allà. Cadascú que plori quan vulgui, quan en tingui ganes i de la manera que li sembli adequada. La tristesa no és proporcional a la quantitat ni a la durada del plor. Es pot tenir una gran tristor... És veritat que el plor és un mecanisme autoregulador biològic que ajuda a regular la tristesa, i per tant qui pot plorar se sent més alliberat, però si plorem massa entrem en una espiral autodestructiva perquè el plor ens fa mal en comptes d'alliberar-nos. Hem d'observar què necessita cadascú. Hi ha qui se sent més feliç plorant i que el vegin; i hi ha qui té més pudor i prefereix plorar a casa seva. Que cadascú faci la feina emocional a casa és molt intel·ligent i molt savi.

També reclames el dret dels nens a riure i a plorar, a riure i plorar alhora, a sentir emocions ambivalents i contraposades i a plorar primer per riure o somriure més plenament després.

Sí, això remet a aquelles paraules de Tagore: si plores per haver perdut el sol, les llàgrimes no et deixaran veure les estrelles. És cert també que, de vegades, si tenim tristor acumulada, això també entela la mirada. Dret a riure i a plorar perquè de vegades, per riure, primer hem d'haver plorat. Hi ha un aforisme atribuït a García Márquez que diu: «No ploris perquè s'ha acabat. Somriu pel que has gaudit». Per haver-ho tingut. Primer plorem perquè s'ha acabat i després somriem perquè va succeir; però quan un noi o una noia trenca una relació amorosa no diu d'entrada «quina sort que l'he viscuda». No, primer ha de sentir la pèrdua, després ja es veurà què va deixar de bo, si és que va deixar alguna cosa.

Defenses el dret a rebre orientació, ajuda, referents i recursos per identificar, transitar, regular, elaborar i donar sentit a les situacions adverses, desfavorables o ingrates que li toquin viure i a les emocions que en derivin.

És tota l'educació emocional concentrada en un paràgraf. Que el nen tingui el dret a tot això, no vol dir que tingui el deure de tot això. Vol dir que els adults tenim el deure d'escoltar aquests drets i tenir en compte aquestes necessitats.

Reivindiques el dret dels nens a la veritat.

Em refereixo a la veritat dels fets. Si algú s'ha mort, s'ha mort; si els pares estem sense feina, estem sense feina; si algú està a la UVI i perilla la seva vida, doncs està molt greu i perilla la seva vida.

I no correm el risc també d'una psicologització excessiva o d'una culpabilització? No pot ser que això ens serveixi per entrar en una espiral victimista? Tinc aquesta història emocional i no dono per a més.

Sí. Un altre cop tenim la disjuntiva que podem utilitzar-ho tot al nostre favor o a la nostra contra. Ho podem fer servir per no créixer o justificar-nos. O també podem dir que això va passar, que fa que sigui una persona que arrossego una certa tristesa, però que entenc d'on ve, i com que això ja va passar faig una aposta per una major alegria. Ho podem enfocar d'una manera molt diferent. El budisme parla d'això; Thich Nhat Hanh diu que les emocions que tenen a veure amb la història familiar es resolen somrient als nostres avantpassats i dient-los que som així perquè som un d'ells. A partir d'aquí som més lliures per ser d'una altra manera.

Dret a rebre una herència emocional sanejada de mans de la seva família i la seva cultura.

És intentar no passar les nostres hipoteques emocionals als nostres fills. Que nosaltres saldem les nostres hipoteques emocionals, que regulem les nostres lents perquè ells puguin tenir una visió més clara i no els carreguem allò que és nostre, els nostres morts i les nostres frustracions.

Costa ser pare.

A ser pare se n'aprèn sempre i, si es donés un carnet, els que l'obtindrien abans són els que tot just han acabat l'adolescència. Com a molt aviat, l'aconseguiríem quan els nostres fills tinguessin 19 o 20 anys.

O sigui que conduïm sense carnet.

Exacte. Sent pares, conduïm sense carnet, fem pràctiques contínuament. Procurem que, quan nosaltres ja haguem passat per la vida, aquell record i empremta que deixem sigui com més sanejat i com menys miop possible, emocionalment parlant.

L'últim dret que reivindiques és a ser consolat i rescatat de l'adversitat amb paraules balsàmiques, relats reparadors, carícies físiques, carícies de l'ànima, per celebrar la seva vida i el tresor que són.

Dret a rebre carícies quan els hem de consolar, però també per no-res. Quan hem de celebrar que existeixen i són un tresor. Un dels malentesos de l'educació emocional, que n'hi ha molts, és el «no ploris nen», i ara és «plora tot el que vulguis; si necessites plorar, plora». No. L'adult ha de mirar que no es plori de qualsevol manera, que no es plori fins a les últimes conseqüències, que no es faci amb segons quina intensitat i durada... Ha d'estar allà per consolar, que de vegades vol dir estar al costat i acaronar amb la mirada.

I creus que es pot tenir l'autoritat necessària per educar sempre des de l'afecte i des d'aquest amor incondicional?

Sí, i amb el sentit de l'humor que tu sempre advoques. Afecte, sentit de l'humor i serietat, formen una combinació que quan l'aconseguim... Són dots teatrals que han de tenir els pares i que sempre practico amb els meus fills. Em dóna molts bons resultats perquè m'ho passo molt bé i, si és així, gaudim de tenir-nos i relacionar-nos. Puc estar molt enfadada i dir «estic molt enfadada però sàpigues que t'estimo un munt». I quan un fill se'n va cap a l'habitació i tanca la porta, anar-hi i dir-li: «Només vinc per recordar-te que et continuo estimant, encara que ara no ens puguem ni veure i ens odiem a mort. Però, tot i això, saps que t'adoro». Això es pot fer perfectament, i això és educar des de l'afecte.

Jo vaig llegir el teu Adolescentes, qué maravilla, *i encara trobo meritori el títol, i el repasso de tant en tant. Continues creient que l'adolescència és meravellosa?*

Cada vegada més. Els meus fills ja han sortit tots dos de l'adolescència. Ja els tinc enfilant una altra etapa, però ho continuo pensant, i si encara fossin uns adolescents, els gaudiria més del que els vaig gaudir, i també patir. Jo pensava que seria el final de la meva carrera perquè no podria anar mai més a parlar amb pares. Sempre es diu que el 90% de les adolescències acaben bé, i en algun moment tots els pares temem que els nostres fills siguin del 10% restant. Continuo veient moltes meravelles de l'adolescència que ens hem d'emportar a la vida adulta. No ho hem de veure com si estiguessin passant una malaltia que com més aviat la passin millor, sinó com una etapa de la vida de la qual s'han d'endur moltes coses a la butxaca que els faran falta per a la seva vida adulta. La passió, la creativitat, l'esperit crític, l'agudesa perceptiva... Algunes les han de modular, però s'han de conservar tota la vida. Si no, són adults amb les butxaques buides de sensibilitat.

Eduquem millor cada vegada? Ets optimista?

És molt difícil de contestar aquesta pregunta. Jo he educat millor que els meus pares? No ho sé. He fet coses diferents perquè els temps i els coneixements són uns altres, i en algun sentit i en algunes coses és bo que hagin estat diferents, però a vegades he pensat que n'he perdut d'altres de molt bones que les hauria hagut de recuperar. L'altre dia estava amb unes amigues directores d'escola que em parlaven de la quantitat de trastorns psicològics que es trobaven avui dia a les escoles. Tenien un percentatge important de nens amb comportaments que criden l'atenció perquè no són propis de l'etapa en què es troben, sense que hi hagi cap dèficit genètic...

Potser hi ha més etiquetes ara, no?

Sí, però crida l'atenció que no tenen la capacitat d'observar, experimentar, relacionar-se, mirar sense por... Tinc els meus dubtes sobre si no som una societat tan multifuncional que estem cada cop més dispersos i perdem de vista l'essencial.

Els adults, com estem d'emocions i sensibilitat?

No estem bé, més aviat malament. El llenguatge que fem servir per expressar les emocions és un llenguatge més d'emotivisme que no pas de sensibilitat. Quan vivim una cosa que ens toca a dins, les coses que diem són «que heavy», «que fort», «al·lucino», «flipo», «brutal»... Ara tot és «bestial» o «brutal» i ens falta un llenguatge més ampli, ric, depurat, més bell i amb més sensibilitat. Passem molt del cop calent i dels instints al raonament formal. Ens falta la calidesa de la mirada reposada des de dins, de la cosa que ha passat pel filtre personal, ha passat la seva pròpia lectura i criteri i ha buscat paraules belles i riques. Tenim ànima de bomber i de jutge i molt poca ànima de poeta.

Gregorio Luri

© Francesc Melcion

Gregorio Luri Medrano (Azagra, 1955) és doctor en Filosofia per la Universitat de Barcelona i llicenciat en Ciències de l'Educació. Coneix de primera mà el món de l'ensenyament, en el qual ha treballat com a docent en tots els nivells, de la primària a la universitat. Ha reflexionat i ha escrit molt sobre l'educació: *L'escola contra el món* (2008), *Per una educació republicana* (2013) i *Val més educar. Consells als pares sobre el sentit comú* (2014), són alguns dels seus darrers llibres. I també, *Seguint les passes dels almogàvers* (2014) i *¿Matar a Sócrates?* (2015). Escriu el blog El Café de Ocata.

22 de juliol del 2014. Quan vaig llegir L'escola contra el món *se'm van endreçar moltes idees sobre el paper de l'escola i em va quedar gravat un missatge molt clar: «El mestre té l'obligació de ser optimista». És una sort que aquest filòsof cada cop estigui més interessat per l'educació i que hi hagi dedicat els seus últims llibres, perquè fa pensar. I no des de cap torre d'ivori, sinó des de la realitat de qui trepitja les aules i busca bones experiències dels mestres que se'n surten.*

Et consideres ben educat?

Si una persona ben educada és la que no està mai satisfeta de la seva educació, crec que sí. Fa quaranta anys t'hauria dit que no. A casa meva no hi havia gaires preocupacions intellectuals. Però un dia es va presentar a casa el metge del poble i li va dir a la mare: «El teu fill serveix per als estudis». Això li va crear un problema important. Finalment vam trobar un internat de caputxins molt auster. Des del primer dia vaig saber que, si volia estudiar, havia de fer-ho amb beques. Tenia 10 anys. Vaig trobar no fa gaire un frare que havia estat el meu tutor. Em va abraçar i em va demanar perdó. «És que vam ser molt durs!», em va dir. Jo li vaig respondre que el que era dur era viure a pagès. Li vaig manifestar el meu agraïment per la redacció que feien setmanalment, i que després llegien i comentaven, i segon, per l'estímul permanent per la lectura. Teníem una bona biblioteca. Ara bé, educar-se és la feina d'una vida. També ens hem d'educar per conviure amb la vellesa i el declivi físic.

En tens bon record, doncs?

Sí. El cine, per exemple. Abans dels 14 anys, havia vist pel·lícules com *El tercer home* o *Ciutadà Kane*. També de la formació musical... Em va costar molt més acceptar que, si ets pobre, l'educació imposa un cert i dolorós desarrelament.

I els pares?

El meu pare va morir quan jo tenia 5 anys. Sé què signifiquen els plors de la mare perquè una calamarsada l'ha deixat sense collita. Però la vida oferia moltes possibilitats per a l'aventura a un nen de la ribera de l'Ebre. Jo entenc molt bé Huckleberry Finn. La meva mare em va donar moltes mostres d'amor incondicional i em va ensenyar a gaudir de l'orgull legítim de la feina ben feta. Ningú té més sentit del punt d'honor que un pagès.

I com vas a parar a magisteri?

Molt senzill, era la carrera més curta i l'única que podia pagar.

Has estat un bon mestre?

He volgut ser-ho. En alguns casos vaig tenir èxit i en d'altres no. He fracassat més d'una vegada. Em fa l'efecte que els docents tenim un punt narcisista que fa que ens dolguin molt els fracassos. Però també ens permet gaudir dels èxits, especialment quan et trobes amb exalumnes que et saluden amb un afecte sincer. Però aquells casos que no vas saber entendre no s'obliden fàcilment. Vaig gaudir molt de la meva feina quan no tenia fills ni cap obligació a casa i em podia dedicar extensament i intensament al treball a l'escola. Això és fantàstic. Però, després, la vida et fa controlar més el temps perquè l'has de distribuir i les obligacions familiars no es poden postergar. Sempre recordaré el col·legi El Cim de Teià. Teníem la nostra ràdio i la nostra revista escolar, fèiem teatre, excavacions arqueològiques, exposicions. L'escola va ser pionera en la introducció del vídeo i dels ordinadors a l'aula. Ara fa més de trenta anys...

Si et faig definir educar, què diries?

Una definició universalment acceptada d'educar, en una societat pluralista com la nostra, em sembla avui impossible. Diguis el que diguis, sempre tindràs algú que objecti parcialment o totalment la teva definició. Personalment crec que educar és ajudar a trobar el punt d'equilibri entre les conviccions personals fortes i la necessària generositat amb les conviccions alienes. Jo diria que aquest és el tret més característic d'una persona educada.

I la feina d'un mestre, quina és?

Hi ha una feina específica del mestre que si no la fa ell no la fa ningú: portar un nen des del seu àmbit familiar, en el qual és estimat incondicionalment per ser qui és, a l'àmbit social, en el qual serà valorat (i no necessàriament estimat) condicionalment pel que sigui capaç de fer. A l'escola republicana francesa es deia que la funció del mestre era transformar un fill en un ciutadà francès. La imatge de l'escola com un pont entre la família i la societat és essencial en la meva visió de l'educació, i crec que els sistemes escolars d'èxit són aquells que han bastit un pont escolar de confiança.

I com ho fa?

S'ha dit alguna vegada que el bon mestre és l'amant gelós de les possibilitats més altes del seu alumne. Al meu parer, per ser un bon mestre també cal que les faci visibles i desitjables. Estic convençut que la immensa majoria dels mestres intueixen aviat quines són. El que no sabem sempre és com fer-les desitjables. Aquí topem amb un límit de la intervenció docent: no n'hi ha prou amb conèixer el millor per desitjar-lo.

Per tant, és estirar més que empènyer?

No es tracta ni d'estirar ni d'empènyer. Ara que tothom parla de tecnologies i de competències, crec que cal recuperar una intuïció preciosa de Marta Mata: en realitat eduquem per impregnació. La feina educativa té més a veure amb el contagi de la grip que amb la tecnologia. Si tens la grip, és molt probable que els del teu voltant acabin contagiats, però no de la mateixa manera. La força de la impregnació docent és directament proporcional al valor que concedeixes al teu mestre. Si no el consideres portador de cap valor és ben probable que no consideris valuós el que diu o fa. La impregnació és del tot imprescindible perquè l'educació és també la submissió a normes arbitràries, començant per les de la llengua.

A L'escola contra el món *parlaves de l'obligació dels mestres de ser optimistes.*

Independentment de la seva importància política, pedagògica i psicològica, l'optimisme té un valor terapèutic per al mestre: s'hi juga la seva salut mental. Un mestre pessimista és un oxímoron. Això no vol dir que no tinguis dies negres, en els quals no et surt res bé, la classe no ha funcionat, has tingut un enfrontament amb un col·lega i, en sortir del centre, t'has trobat dos pares que et volen dir alguna cosa que consideren urgent, però tu tens hora al metge amb el teu fill... Precisament perquè hi ha dies negres, l'optimisme ha de ser el de la trajectòria. Però si sense optimisme no hi ha mestre, amb només optimisme, tampoc. Cal conèixer l'ofici i cal tenir coneixements rigorosos. Sense coneixements matemàtics no es pot fer una bona didàctica de les matemàtiques.

L'optimisme vol dir que has d'esperar al màxim dels teus alumnes?

Sí, això és irrenunciable. Aquest és el repte i, a més, si hi renuncies, renuncies a la teva dignitat docent.

I la feina dels pares, quina és?

La principal: estimar els seus fills de manera incondicional. És a casa i solament a casa on els fills aprenen la lliçó més important de la vida: la d'aprendre a estimar de manera incondicional. No hi ha cap altre lloc al món on ens estimin d'aquesta manera. Ara bé, hi ha normes de conducta que són les expressions intel·ligents d'aquest amor. Cal garantir que els fills dormin les hores necessàries (l'hora d'anar a dormir no pot ser la més caòtica del dia), que surtin de casa ben alimentats i ben nets i, finalment, els hem d'ensenyar a fer servir quotidianament les cinc expressions màgiques: «gràcies», «perdó», «si us plau», «confio» i «no tinc por».

Els pares estem acomplexats.

Estem desorientats, perquè hi ha una ideologia tecnicista que ens assegura constantment que hi ha una resposta tècnica per a cada problema, i no és ben bé així. Per això jo reivindico *Els Simpson*: no és que cregui que siguin un model de família, però sí que podem aprendre alguna cosa d'ells, per exemple que a cada capítol comencen de zero sense guardar la memòria dels greuges. Els pares no ens hem de penedir de ser humans, no hem de sentir vergonya si un dia arribem a casa cansats i només volem seure al sofà i fer una estona de zàping. I si ve el nostre fill a demanar-nos ajuda per fer els deures i li diem que s'esperi un quart d'hora, no som els pitjors pares del món. Jo reformularia els drets dels infants per afegir aquests dos: «Els nens tenen dret a tenir uns pares tranquils» i «Els nens tenen dret a tenir uns pares imperfectes». Fer-se adult també significa estimar els altres i reconèixer les seves imperfeccions.

Millor pares espontanis i naturals, que no uns pares que fingeixen ser perfectes.

Els pares perfectes no existeixen i els que volen aparentar que ho són em semblen poc de fiar, perquè no es coneixen prou bé a ells mateixos. Potser per ser un bon pare el primer que cal és no pretendre ser perfecte. Precisament perquè som imperfectes, coneixem el valor impagable de ser estimats de manera incondicional, i precisament perquè fiquem sovint la pota, cal deixar clar que ens estimem. No podem eliminar els desencerts, però podem trobar la manera de compensar-los.

Quan són adolescents també?

De l'adolescència hi ha tanta literatura...

Literatura gairebé de terror...

L'adolescència és una època molt complicada. Saps allò que deia Suárez quan li preguntaven què havia de fer a la Transició? Deia que calia canviar totes les instal·lacions d'un gran edifici comunitari sense deixar de prestar-hi els serveis. És impossible que no hi hagi conflictes puntuals. Doncs això és el que passa a l'adolescència. El teu fill es transforma i ha de transformar al mateix temps les seves relacions amb els adults. Els fills adolescents acostumen a tenir molt clar el que no volen, i no tan clar el que volen. És estadísticament normal que en aquestes condicions es trenqui puntualment alguna cosa, perquè ser adolescent és tenir molta més energia que seny per controlar-la. Però el que és estadísticament normal, familiarment pot ser un drama.

Hi ha pares que volen ser amics.

Avui, un nen o un adolescent no veu que els seus pares resolguin problemes pràctics professionals. La saviesa pràctica acumulada pels adults no es transmet ja de pares a fills, perquè no hi ha la possibilitat de contacte intergeneracional a la feina. Al mateix temps, la distància entre els interessos espontanis del nen i els interessos de la vida adulta no han deixat de créixer. Això fa que el retorn dels estudis primaris en el sou d'un adult cada vegada sigui més petit. Hi ha una novel·la meravellosa de Delibes, *Camino*, que anticipa bé el que ens passa. Hi mostra tres nens d'un poble de Castella que passen junts l'estiu, però un d'ells, que sembla el més capacitat intel·lectualment, els comunica en acabar l'agost que ha d'anar a estudiar fora del poble i que inevitablement se separaran. Els altres li diuen: «Quin sentit té estudiar? Per a què?». «És que diu el meu pare que així progressaré», respon el que se n'ha d'anar. «Progressar? Què és progressar?», li tornen a preguntar. I el nen dóna una resposta magnífica: «Diu el meu pare que progressar és treballar menys que ell i guanyar més». Això nosaltres ja no ens ho creiem. Avui cap de nosaltres pot assegurar que el seu fill treballarà menys que ell i guanyarà més. Em fa l'efecte que estem intentant suplir aquesta incertesa amb sobredosis d'emotivitat. Hi ha qui diu que el complex de Telèmac és avui més important que el d'Èdip. Hi ha nens que voldrien una figura paterna a casa, que fes el paper de pare i anés al llit amb la mare. L'autoritat del pare és important perquè el nen necessita aliats forts per lluitar contra els monstres que sempre hi ha sota el llit. El que no necessita un nen és un pare que en lloc d'espantar els monstres es fiqui al llit amb ell tremolant de por.

Haurà de canviar gaire l'escola?

Des que tenim l'escola, des de la primera escola que es va fundar, ja hi ha literatura que critica l'escola. Com és que, havent fet tants i tants projectes de canvi i haver experimentat tantes i tantes novetats, hi ha alguna cosa que sempre torna? L'escola no es comprèn si no s'entenen les raons de les permanències pedagògiques que, al meu parer, es corresponen amb permanències antropològiques. Continuo pensant que la relació pedagògica fonamental és la relació cara a cara entre un mestre i un alumne, i que els nens pobres no tenen substitut pedagògic als colzes. Però veig que en aquest moment sembla que hi ha molta més gent disposada a canviar l'escola que a entendre el sentit de l'educació. La manca d'una antropologia pedagògica em sembla clamorosa.

A L'escola contra el món *deies que l'escola s'ha de blindar i ha de crear un espai que no sigui tan permeable.*

Jo tinc una obsessió educativa: la dels nens que arriben a l'escola amb un vocabulari d'estricta subsistència. Sabem que el nivell lingüístic de les famílies és molt divers. Hi ha criatures que senten a casa 2.150 paraules per hora i criatures que amb prou feines arriben a sentir-ne 600. Quan arriben a escola, viuen en dos mons diferents. Tinc la convicció que el nostre fracàs escolar és un fracàs lingüístic. Es posa de manifest a 3r de primària, quan els nens passen d'aprendre a llegir a aprendre llegint. En aquest moment, les diferències de vocabulari provoquen ritmes d'aprenentatge diferents. El qui domina més vocabulari aprèn més ràpidament i, d'aquesta manera, les diferències s'incrementen. Podem reconèixer perfectament el fracàs escolar del final de l'ESO a 3r de primària. Què fa l'escola per compensar els dèficits lingüístics inicials?

I què hem de fer?

El gran defecte del constructivisme, tan de moda, és que no s'acaba d'adonar que per construir coneixements necessites disposar prèviament de materials de construcció. Un nen que prové d'una família amb un nivell cultural mitjà més o menys sofisticat ja va a l'escola amb materials amb els quals pot construir nous coneixements, però els nens que arriben a l'escola sense recursos no poden construir res. Aquests nens necessiten una educació planificada, lineal, ben programada, una immersió real en el coneixement, i mestres excel·lents. Sovint tinc la sensació que m'he quedat sol defensant la necessitat de l'educació seqüencial i dirigida per a aquests nens. Però els nens pobres no necessiten una educació per a la vida, sinó una educació que els redimeixi de la seva vida.

Quedes com un conservador.

Sí, però això no em preocupa en absolut. Crec que un dels problemes de la pedagogia catalana és que està massa centrada en els debats interns, i quan obres el mirall per veure com són els debats internacionals, dius: «Coi, tampoc sóc tan excèntric». Hi ha molts estudis que reforcen la necessitat de donar una educació ben programada als nens culturalment més pobres. M'interessa molt més el bo que el nou i desconfio molt dels missatges pedagògics que surten de les grans multinacionals de les noves tecnologies. De fet, sóc tan conservador que crec que una de les principals missions de l'escola és transmetre el millor del seu llegat a les generacions futures i que hi ha coneixements que ens exigeixen el respecte més gran a l'objecte del coneixement. Sóc tan conservador que penso que el coneixement no té cap propietat que li impedeixi ser transmès i que, sense una bona memòria a llarg termini, no hi ha una bona memòria de treball.

Com estan els mestres catalans? Desanimats, preocupats...?

Probablement la principal mancança del nostre sistema educatiu és el desconeixement real del que els nostres mestres fan a classe. Ens cal un llibre blanc de la docència que ens doni una radiografia fidel de la realitat. Fa temps que els nostres docents responen a les enquestes com si fossin alumnes insegurs: diuen el que creuen que l'interrogador (especialment si és inspector) vol sentir. Quan se'ls pregunta per les seves metodologies, al voltant del 90% dels mestres es declaren constructivistes, però el mateix percentatge empra llibres de text a classe. El 95% dels professors de secundària es consideren satisfets de la seva feina, però no arriben al 7% els que triarien per als seus fills la professió docent. Sento molts docents queixar-se que estan perdent l'autonomia necessària per a una feina que té un clar component artístic. Però la queixa que més sento té a veure amb la reiteració dels debats en les reunions docents. «El meu institut viu instal·lat en el dia de la marmota», em deia un professor.

On s'innova?

A Sant Cugat, que és l'autèntic laboratori de la innovació educativa catalana, feta amb molta discreció. Cal dir que hi ha moltes experiències innovadores que el que fan és recuperar pràctiques antigues. El treball per projectes, per exemple. I això està molt bé, però no és innovador. Tampoc em sembla innovador, en absolut, suprimir pupitres, pissarres, llibres de text, aules i horaris. La innovació autèntica implica un canvi de trajectòria del centre més que no pas l'oferta d'experiències descoordinades als alumnes. Però en general, és difícil de veure on s'innova realment perquè els centres innovadors no ens acostumen a dir quines evidències pretenen aconseguir amb els seus canvis. Veig que a l'escola catalana, en general, li agrada molt més avaluar-se a si mateixa en funció dels seus propòsits que de les evidències dels seus resultats.

L'escola s'hauria de poder avaluar més.

Per què hi ha tanta reticència a l'avaluació? Probablement perquè l'avaluació exigeix dues coses bàsiques: trajectòries (que és al cap i a la fi el que ha de ser avaluat) i evidències. Però si sabem que determinades escoles obtenen uns resultats que es troben molt per sota del que seria raonable exigir, ens hem de plegar de braços i no fer-hi res? De la mateixa manera que quan entrem en un restaurant confiem que el govern vigila que no ens donin un menjar tòxic, els pares haurien de tenir la convicció que el Departament d'Ensenyament els garanteix que no hi ha escoles tòxiques.

Creus que les famílies i els mestres parlem prou?

Jo no acabo d'entendre l'expressió «comunitat escolar» perquè encara que teòricament tothom la defensi, a la pràctica no acaba de rutllar. I quan la realitat no està a l'altura de les nostres expectatives no hauríem de limitar-nos a insultar-la. Estem veient que els pares, a preescolar i als primers cursos de primària, participen moltíssim en els centres, però a poc a poc es van desenganxant. A secundària, el nivell de participació en les eleccions dels consells escolars és anecdòtic. Aquest comportament ha de tenir les seves raons. La meva experiència em suggereix que la majoria dels pares el que demanen als mestres no és que siguin molt dialogants, sinó la garantia de la seva professionalitat. El que els pares volen és un mestre que els digui: «Tranquils, el vostre fill està en bones mans».

Ets un bon avi?

Hi ha tantes coses que jo no gosava fer amb els meus fills i que ara les faig amb tota tranquil·litat amb els meus néts! Ser avi és el gran regal de consolació que et fa la vida. Però també és un motiu de preocupacions. Amb el meu primer nét vaig fer una cosa que no sé si està bé dir-la: un dia, quan tenia 12 dies, va tossir i el vaig portar a urgències. No ho hagués fet mai amb els meus fills. Tothom diu meravelles dels néts. Però per ser completament sincer, et diré que a mi el que de veritat m'emociona és veure els meus fills fent de pares.

I què és un bon pare?

En el meu cas, estic descobrint ara que potser vaig ser un bon pare. Tinc un fill i una filla. Tots dos estan casats i tenen els seus fills. Veig que els agrada venir a casa, que ens comuniquen els seus problemes i alegries i, especialment, que riem tots plegats de les coses –tantes!– que vaig fer malament. Un dia, mentre rèiem d'una reacció histèrica meva en un viatge en cotxe molt llarg, vaig concloure que potser això era ser un bon pare: comprovar que el que has fet malament no ha deixat ferides, sinó motius per a la ironia.

Mariano Fernández Enguita

© García Abril

Mariano Fernández Enguita (Saragossa, 1951) és sociòleg, especialitzat en educació, desigualtat i canvi social, i també en el que ell mateix anomena societat o era global, informacional i transformacional. És catedràtic de Sociologia a la Universitat Complutense de Madrid. Ha estat professor i investigador convidat a Berkeley, Londres, Tòquio... És autor d'una vintena de llibres, entre els quals *La escuela a examen* (1999), *Sociedad del conocimiento. Democracia y cultura* (2005), *Educar en tiempos inciertos* (2009) i *Repasando la organización escolar* (2010). Escriu el blog Cuaderno de Campo.

28 de maig del 2015. He trobat un forat a l'agenda de Mariano Fernández Enguita i em rep al seu despatx, a la Universitat Complutense de Madrid, on xerrarem fins que hi comença a haver una cua excessiva d'alumnes que també hi volen parlar. Un bon amic em va recomanar amb entusiasme que el conegués i que descobrís el seu blog, ple d'idees provocadores per agitar el món de l'escola i un col·lectiu, el dels mestres, que ell troba conservador. Fa pensar diferent i té explicacions històriques i de context per entendre la necessitat urgent d'innovar.

El puc definir com a expert en fracàs escolar?

Les desigualtats educatives sempre han estat al centre del que he investigat. Les xifres espanyoles són alarmants. Jo no crec que es pugui tenir èxit escolar al 100%, però un marge raonable de fracàs són xifres d'un dígit. No crec que hi hagi cap sistema que pugui eliminar el 100% del fracàs escolar, i encara menys de l'abandonament. Ara bé, a la meitat de la dècada passada vam arribar a un 30% de fracàs i a un 40% d'abandonament. Això és un disbarat i una barbaritat que es resisteix a qualsevol explicació. I l'explicació no és en els alumnes.

On és?

D'una banda, hi ha una deficiència històrica. Espanya no és un país amb una llarga història educativa, i l'educació i l'abandonament estan relacionats amb el llegat cultural i històric de cada lloc.

Què més?

D'altra banda, hi ha una cultura del suspens. La idea que això és normal, que és normal que hi hagi un grup de llestos, un de tontos i els del mig. «El 30% són tontos, no serveixen per estudiar», com es deia abans... Aquí no valorem el professorat. En qualsevol sistema educatiu hi ha proves externes, o proves externes administrades internament. Hi ha moltes fórmules. Ara, llocs on des dels 6 fins als 18 anys només t'avaluïn els teus professors, tenint en compte altres criteris o no... Per exemple, un professor de batxillerat pot estar molt marcat per la selectivitat, però continua sent el professor qui avalua. Això és molt espanyol, i aquí hi ha una part del problema.

Què cal abordar?

Hi ha diversos problemes que no hem atès. Un és la repetició. Es repeteix molt, i això és absolutament ineficaç. Un altre és que no hem adequat la transició a l'ESO. Quan vam fer la investigació, tothom ens deia que el pas a l'ESO els va marcar. El problema no el volem veure a primària, però ja hi és. La gent no falla de cop a l'ESO, el que fan a l'ESO és tirar la tovallola. Si parlem de distingir fracàs i abandonament, la

LOGSE, paradoxalment, per dignificar la formació professional va tancar el pas a tothom que no tingués la titulació d'ESO. Per tant, quan diem que hi ha un 40% d'abandonament no és correcte: hi ha un 30% de gent que no pot seguir de cap manera. No hi ha un lloc previst per a ells en el sistema educatiu. Realment, l'abandonament estricte és un 10%.

Com es millora?

Jo no em crec que l'ensenyament general no pugui ser superat per més gent. Però s'ha de fer l'esforç per canviar l'ensenyament, que és avorrit, soporífer, una institucionalització de la infància. És l'última institució basada en la construcció massiva. Una vegada desapareguts els exèrcits i minimitzats els manicomis, només queda això. És veritat que qualsevol nen hi veu el costat bo, perquè hi té els seus amics, i que tota família el necessita per a la custòdia dels fills, i que sempre anirà bé que uns professionals de l'educació s'hi dediquin, però s'ha de repensar. No podem tenir la mateixa escola que quan el professor era l'única font d'informació, ni podem tenir la mateixa escola de quan educàvem molt poc tota la gent. De quan la primària era l'únic que no arribava a ser universal però sí massiu. Eren sis anys, o menys. Després escolaritzàvem molt poca gent més, que era la secundària. Quan jo vaig fer secundària, devia ser el 15% de la població la que feia secundària superior. Ara el 40% arriben a la universitat i el 100% fan secundària bàsica. Això no pot funcionar igual, s'ha de canviar radicalment.

Com es comença?

Els problemes s'han de detectar a primària. Són detectables, el que passa és que els fem servir per endevinar i dir que algú no arribarà lluny. Això és terrible, perquè per diversos motius es col·loca una etiqueta als nens i fins i tot se'ls condemna a no fer coses que podrien fer. Però és veritat que s'han de detectar els problemes que poden existir, i jo crec que avui la major part de la gent pot superar l'ensenyament comú. No dic el 100%, però sí més del 90%. Si no es fa així, és quan arriba l'altra solució i es diu que aquesta gent no pot continuar estudiant. Per tant, cal separar-los abans dels 16, de manera que tenim aquesta discussió sobre el model de LOGSE –tots junts fins als 16– o el model de la Wert –fins als 15, perquè políticament és molt dur fer-ho als 14. S'ha fet malament, proclamem que el sistema educatiu ha de ser igualitari però deixem el 30% o el 40% d'alumnes pel camí. Seria més lògic donar-los una FP.

Arreglar-ho significa dedicar-hi més recursos, suposo.

Tenir recursos sempre està bé, però no crec que sigui un problema dels recursos. El discurs dels recursos –la retòrica dels recursos– procedeix de la idea que hi ha d'haver un professor atenent simultàniament trenta alumnes, i si no poden anar tots al mateix ritme i aprendre alhora les mateixes coses pels mateixos mètodes s'ha d'individualitzar. Això em recorda un gag de Pedro Ruiz, que es burlava d'un anunci de Juan Valdés, que posava un cultivador amb un gra de cafè al front i deia: «Cadascun dels nostres treballadors s'ocupa d'un gra fins que arriba a la nostra tassa de cafè». Cada alumne, un professor en última instància, i això no pot ser. Jo crec que hi ha maneres de fer que l'escola sigui menys escola i més educació, i menys educació i més aprenentatge, que la distribució de la informació sigui més entre iguals i menys verticalment entre professor i alumne, que utilitzi més la tecnologia, i que el professor sigui més organitzador d'entorns i menys transmissor de continguts. A més, crec que podem flexibilitzar molt les maneres. Jo crec que bona part del que avui anomenem «els recursos» ve de quan ens vam condemnar a aquest sistema per tenir aules simultànies. No és que em vulgui convertir en un propagandista dels jesuïtes, però una cosa senzillíssima que han fet és ajuntar els grups de dos en dos. Tenir seixanta alumnes amb tres professors permet una flexibilitat que mai tindran dos grups de trenta amb un professor cadascun.

I per què aquesta resistència al canvi?

Primer de tot, el professorat és un sector conservador. Els professors voten esquerra, però perquè l'esquerra posa més recursos. Aquest bucle es retroalimenta, i els professors creuen que tenen el suport de l'esquerra i l'esquerra creu que té el suport dels professors. El professorat és un sector molt conservador, sobretot respecte al seu propi entorn. Hi ha de tot, hi ha 700.000 professors a Espanya, però com a gremi és majoritàriament conservador i procura no canviar. Sobretot crec que és molt vulnerable. No comparteixo la idea de professor mal pagat, no respectat... Però és veritat que un professor tard o d'hora es va trobant en situacions de molta vulnerabilitat. I estan a la defensiva... La paradoxa és que els professors són vulnerables en gran mesura perquè treballen en solitari, però la resposta a aquesta vulnerabilitat és tornar-se més solitaris. Estàs sol amb la teva classe, saps que ho pots fer malament, que et pots equivocar, que molts cops no tens la resposta adequada. Però la resposta és tancar la porta –que no em mirin per la finestra– i considerar que la classe és meva i només meva. Això es retroalimenta, perquè com més t'aïlles, menys *feedback* hi ha, menys suport, menys possibilitats... És un cercle literalment viciós.

Com es podrien avaluar els mestres?

Aquí ja hi va haver reticències a l'escola graduada, perquè a l'escola unitària el mestre era el rei, i en canvi a l'escola graduada hi havia d'haver un director i, per tant, jerarquia. Sempre hi ha hagut una oposició ferotge a la direcció. Hi ha una cosa que es diu direcció participativa o democràtica, que consisteix en el fet que el director no dirigeix. De vegades se'n diu l'excepció ibèrica, perquè era una cosa molt típica d'Espanya i Portugal. He tingut l'oportunitat de parlar amb molts professors i et puc dir que per a ells la definició d'un bon director és «el que no es fica en res». Aquest director és bo perquè vaig tenir un enterrament i no em va posar cap problema per no venir a classe, perquè em deixa fer la meva vida, perquè té un cert grau de tolerància amb coses que en altres organitzacions no es tindria. L'oposició a l'avaluació en part és per això. Hi ha uns perills amb l'avaluació que són el mal ús dels rànquings. Existeixen per al professor, però no es vol que ho sàpiga el públic. També pot passar que acabis ensenyant només el que és avaluat. Però hi ha un problema de transparència. La gent ha de saber què es fa als centres i com es fa.

Caldria donar a conèixer tota la informació?

Jo no vull saber només les notes d'un centre, vull saber quin tipus d'alumnes té. No és el mateix aconseguir unes qualificacions amb uns alumnes o amb uns altres. Vull saber quin és el valor afegit d'aquell centre, què és capaç de fer amb els seus alumnes. I sobretot vull conèixer coses sobre els processos. No vull que em falti informació, i no crec que un rànquing sigui un handicap per a un centre. Quan t'has de comprar un cotxe i et mires les revistes, són plenes de rànquings. El que més corre, el que més dura, el que menys gasta, el més votat pels usuaris... Però no vas corrent a comprar el primer cotxe d'un rànquing. Al final compres el que t'agrada, que no és el primer en cap rànquing però tampoc l'últim, i és el que t'agrada. Les escoles s'escullen per molts motius. Perquè són a prop, perquè hi ha els amics, perquè són de la comunitat, perquè són bones en música i això li interessa molt al nen... El rànquing de rendiment seria una informació més.

A l'alumne, se l'ha de motivar?

No se l'ha de desmotivar. El problema és com van perdent la curiositat infinita que tenen els nens quan entren a l'escola. Tots els indicadors ens diuen que de manera alarmant van perdent interès per l'educació. No podem pensar a mantenir el 100% de l'interès de tothom, però crec que cal preguntar-se com ha canviat el paper de l'escola. Una manera d'entendre-ho és aquell relat de Manuel Rivas que va donar lloc a la pel·lícula *La lengua de las mariposas*. Aquest relat comença explicant que per al nen protagonista les classes eren meravelloses. El professor els parlava d'altres mons, de batalles... El nen explica com el seu professor el fascinava amb aquelles coses, i era perquè explicava coses que no tenien res a veure amb la seva petita comunitat. El relat i la pel·lícula enfronten Don Gregorio, que és el mestre il·lustrat que després és víctima del feixisme, amb el nen que sap molt dels ocells i cargols que hi ha a la seva comunitat però res més. Aquell professor té garantida l'atenció dels seus alumnes. Si és bona persona i s'ocupa dels seus alumnes, es creu el que està fent i té una mínima habilitat, té l'atenció garantida durant un temps. La conclusió és que en aquell temps l'escola tenia garantida l'atenció *a priori*. Avui és al revés.

Avui costa ensenyar-los nous mons.

Avui un alumne ve d'estar amb l'ordinador –en què no per casualitat moltes eines es diuen Safari, explorador o navegador, perquè pots anar virtualment a qualsevol lloc del món– i entra a l'escola havent-se d'oblidar de tot això. La desafecció està garantida perquè a part de l'escola tothom accedeix a altres coses, i una bona part de la gent pot fer el mateix que a l'escola però millor. És incomparable la presentació d'un quadre o un pintor que pugui fer Google Art o Wiki Art amb la que pugui fer un llibre de text. Google Maps no es pot comparar amb un llibre de geografia. Depèn del professor. El professor pot utilitzar tot això i millorar, però si s'obstina a fer-ho com abans té garantit el fracàs. No només no atraurà els nens, sinó que en termes relatius el professor d'avui és molt semblant al professor de fa cinquanta anys. I si abans els professors eren els més ambiciosos de les classes populars, avui possiblement siguin els que menys. En canvi, el seu públic ha canviat radicalment. Els professors tenien un públic amb un nivell cultural molt baix, i avui en dia la població té el mateix nivell cultural que el professor, o més alt. Els alumnes tenen una altra música a casa, viatgen, van a museus...

Millorar el professorat es resol amb formació o cal millorar-ne la selecció?

Les dues coses van juntes. Si tu no selecciones... Una facultat pot canviar la gent, però no gaire. Acaba adaptant-se. I si no formes, tampoc pots demanar selecció. S'ha de reforçar la formació i la selecció. Ara el nivell de formació és baix i la selecció poc exigent. Si obtens plaça de funcionari, no et fa fora ningú... l'any de prova del funcionari és irreal. Les facultats haurien de ser més exigents en el seu reclutament. El nivell de les facultats d'educació és més aviat baix.

Suposo que amb el seu blog, dient coses com les que diu, deu anar perdent amics...

Sempre n'hi ha que s'enfaden, però en guanyo d'altres. Hi deu haver gent que em tiraria per les escales, però rebo respostes dient que ja era hora que algú ho digués. Hi ha gent molt conscient d'aquests problemes, però l'ambient dels claustres és molt claustrofòbic, si em permets l'acudit. És molt difícil ficar-te amb la gent amb qui convius cada dia. Les escoles són llocs petits i poden ser asfixiants.

La tecnologia l'hem portat bé a l'aula?

Hi ha entrat fàcilment la tecnologia que permetia continuar fent el mateix. El millor exemple és el PowerPoint. El professor el té a la rebotiga, s'utilitza per fer presentacions, i els alumnes l'odien. L'únic avantatge pot ser que els donin la presentació, però hi ha escoles on només la llegeixen i no els la donen, els alumnes han de prendre apunts igual i el professor la llegeix. Als Estats Units s'ha fet una enquesta a estudiants universitaris i els resultats diuen que odien el PowerPoint. S'ha assumit el PowerPoint, s'ha assumit la pissarra digital –que no pot ser interactiva, perquè trenta nens no poden estar tocant-la– i s'ha assumit menys el tema del test automatitzat. Però hi ha un altre món, que és el més interessant i permet accedir massivament a la informació i horitzontalitzar-la molt més... Les possibilitats de les tecnologies encara estan inexplorades.

D'aquí a cinquanta anys existiran les escoles?

Jo crec que sí.

I les aules?

Jo crec que menys. Si volem tenir nens i adults no neuròtics en general, i dones que treballen –perquè les sacrificades són les dones–, i nens que s'ho passen bé amb altres nens no necessàriament de la mateixa edat, quina institució hi ha millor que un edifici equipat, amb jardins, on els nens estan protegits, on troben els seus iguals i on hi ha uns adults especialitzats en educació? Però no poden ser escoles que siguin sumes d'aules i assignatures. Aquesta fragmentació interior és la que s'ha de trencar. D'escoles, n'hi continuarà havent, hi continuarà havent una edat en què no volem que els nens estiguin sols. Es continuarà socialitzant la custòdia dels nens.

Quin grau d'optimisme té sobre la velocitat amb què podem canviar la situació?

Sobre la dinàmica interna, poc. Encara que crec que hi ha milers de persones que són molt innovadores i fan coses interessants, no són la majoria. Ara, hi ha certs detonants que produiran canvis. Als Estats Units creix molt ràpidament el *home schooling*, i aquí està prohibit però ja comença a aparèixer. La tensió anirà creixent. Si l'experiència és dolenta, me l'emporto a casa i m'ho munto amb altres famílies. El rebuig escolar és una altra tensió important. Hi ha nois de 13, 14, 15 o 16 anys que no aguanten. El fracàs i l'abandonament no se solucionaràn si no hi ha una reestructuració. Les escoles privades s'espavilaran. El que estan fent els jesuïtes tindrà un impacte. Tenen un prestigi, no topen amb resistències que troben altres i ho fan a certa escala. Els escolapis volen fer una cosa semblant en poc temps. Serà una combinació d'innovació, pressió d'empreses des de fora, escoles privades, grups d'innovació i el mateix rebuig a l'escola. Però la resistència és forta.

Als Estats Units, experts que he entrevistat diuen que s'experimenta més als barris rics i als pobres.

Als rics perquè s'ho poden permetre i als pobres perquè t'has de qüestionar el que has estat fent. Sempre ha estat així.

El mite de Finlàndia està basat en fets reals?

Finlàndia té bons resultats, però a mi la part que em sembla més convincent del mite finlandès és que no tenen pressa per escolaritzar la gent. Entren a l'escola un any més tard, no tenen pressa per aprendre a llegir i escriure, es prenen molt seriosament la seva feina i seleccionen molt bé el professorat. Al final, això és fonamental: el professorat.

Alguns tornen a defensar la idea de nens i nenes separats.

Hi ha un camp fort per a la individualització a dins. No tinc una posició de principi rígida respecte a separar nens i nenes. Les primeres defenses que jo he vist de l'educació diferenciada no venien de l'Opus, sinó del feminisme. Amb la idea que on hi havia nens i nenes, els nens es dedicaven a vandalitzar les nenes. Jo no crec que els nens i les nenes educats per separat vegin vulnerats els seus drets. El problema és que no aprenen a conviure en un context formal. Es perd una part d'aprenentatge de la convivència. Per això crec que separant-los es perd més del que es guanya.

Les etiquetes de dèficit d'atenció representen un perill? Se n'abusa?

He de començar confessant que sempre he vist amb una certa desconfiança la psicologia. No dic que no existeixi un àmbit psicològic, i els que estan més ben preparats per entrar en un àmbit tan incert potser són els que dediquen anys a estudiar psicologia i psiquiatria. Però hi ha una història d'invenció de malalties, de maximització de patologies... Després hi ha una tendència que té el professorat de treure's de sobre certs nens, i per part de les famílies de trobar justificacions. I la indústria farmacèutica també hi té el seu paper. També crec que hi ha una consciència de sobrediagnòstic. Hi ha hagut casos diagnosticats de TDAH en què el problema desapareixia quan se'ls deixava més per lliure. No és el mateix tenir el nen cinc hores assegut al mateix lloc, escoltant un discurs, que permetre-li moure's. Crec que hi ha sobrediagnòstic, i poden ser patologies produïdes per la mateixa institució. Potser hi ha coses que podríem canviar i que farien desaparèixer bona part d'aquests problemes.

Quins verbs hauria de conjugar un mestre?

El primer és *aprendre*. L'objectiu és l'aprenentatge, i això és important. No pots aprendre res sense l'adult i no pots aprendre res sense la institució, però això és el que ha canviat. El món és ple d'adults que també saben coses. Tu no ets l'únic que pot educar, i l'entorn permet que els nens aprenguin moltes coses sense cap adult. Aprenen molt amb els videojocs i adquireixen habilitats classificatòries i de lògica, molt semblants a les adquirides amb el llenguatge. Explorem-ho. Des que hi ha les xarxes s'ha de pensar en educació, i bastant menys en escolarització. El professor ja no pot viure d'ensenyar el que va aprendre. Jo no puc ensenyar el que vaig aprendre fa trenta o quaranta anys a la facultat.

Joan Manuel del Pozo

© Pere Tordera

Joan Manuel del Pozo (La Ronda de Andalucía, 1948) és professor de filosofia a la Universitat de Girona. Ha estat traductor de Ciceró i Thomas More, entre d'altres, i és autor de l'assaig *Educacionari* (2014), una invitació a pensar i sentir l'educació a través de seixanta conceptes. Com a polític ha estat diputat, tinent d'alcalde de l'Ajuntament de Girona i conseller d'Educació i Universitats de la Generalitat en el govern presidit per Pasqual Maragall. És director de l'Observatori d'Ètica Aplicada a l'Acció Social, Psicoeducativa i Sociosanitària.

24 de juliol del 2014. Va ser conseller d'Educació per poc temps, al final del mandat de Pasqual Maragall, però no definiria Joan Manuel del Pozo com un polític ni un gestor, encara que hagi gestionat i fet política. És sobretot un filòsof, un savi. És molt difícil que una conversa amb ell no et porti en algun moment a l'etimologia d'una paraula determinada i que aquest viatge no t'obri tot un món nou: renova curiositats i fa que celebrem la festa del coneixement compartit, dialogat. Si algú combina i casa la filosofia amb l'educació és ell; ha aportat profunditat reflexiva als debats, sense oblidar que la matèria primera de l'educació són les criatures i que elles han de ser sempre al centre.

Quina és la definició que fas d'educar?

És l'impuls a la construcció en llibertat de la millor persona possible un cop nascuda. I poso *en llibertat* perquè penso que és molt important que l'educació perdi el que ha tingut, de vegades, de transmissió més o menys autoritària. Però també poso «construir», que vol dir seguir una certa lògica, seguir un cert ordre. Les parets han de néixer, han d'anar rectes. Per tant hi ha una combinació, sempre necessària a la vida, d'un cert ordre, mètode, lògica i d'una certa creativitat, imaginació i llibertat.

L'educació requereix ambició, doncs.

Diríem que educar és atrevir-se a impulsar la llibertat d'una persona quan tothom té la percepció que la llibertat no és autèntica si no té riscos. Per tant, assumir el risc vol dir ser valent i vol dir tenir un sentit del repte d'educar. Per això també m'agrada la paraula *compromís* perquè hi ha d'haver una voluntat explícita d'articular-se amb els altres; l'educació no és mai un fenomen d'una sola persona. Un nen no en té prou amb el millor mestre, sinó que ha de xuclar educació de diverses fonts... I el que és bo és que en una societat que vulgui ser avançada i moderna diverses fonts es posin d'acord per fer el que podríem anomenar un gran projecte d'ambició educadora.

La bona educació es confirma si la persona surt ben educada. És resultadista.

S'ha de tenir un resultat que no és el resultat acadèmic, no és el resultat de l'expedient i de les notes, que és instrumentalment important, sinó que és finalment personal. Hem de voler persones molt senceres i obertes, imaginatives, solidàries... Encara que el seu expedient no sigui gaire brillant. Amb un expedient brillant i una manca de llibertat, de solidaritat, d'imaginació, no hem acabat de triomfar. La finalitat educativa és complexa i és sempre molt més qualitativa que quantitativa.

I si et faig triar alguns verbs que acompanyin l'educador, quins serien?

Impulsar. Respectar. Estimar. Conèixer. Compartir.

És obligatori estimar per ser un bon educador?

No es tracta de l'amor paterno-filial, que és el dels pares, ni de l'amor de l'enamorat, evidentment molt diferent, sinó del que de fet se n'ha dit amor pedagògic. És a dir, un sentit d'estimació que va en la perspectiva de «jo seré més bon mestre o més bon professor com més capaç sigui d'aproximar-me a aquesta persona per fer-la créixer a ella mateixa i que pugui prescindir de mi». En altres relacions amoroses s'espera un retorn, en aquesta no cal el retorn.

Educar és la millor feina del món?

Sí. Em sap greu dir-ho perquè és la meva... però a què més que això pot aspirar una persona a la vida? Aquí també hi ha un punt que surt en algun dels conceptes, que és la importància de com cada nen i cada nena ha de comprometre's ell mateix amb la seva autoeducació. També hi ha la necessitat d'una aportació individual de cada criatura.

Qui educa?

La resposta necessària i potser massa fàcil és que educa tothom, fins i tot encara que no vulguin. Però si aquesta resposta és massa genèrica, evidentment eduquen els professionals, i la família. Per tant, diríem que entre educadors professionals i família tindríem l'avantguarda de les fonts educadores. Però aquesta avantguarda no està sola, és a dir, al seu costat, molt poc darrere seu, ve el que anomenaríem entorn social més proper, el poble, el barri, la ciutat. I els mitjans de comunicació, perquè van carregats d'informació, de coneixement, d'estímuls audiovisuals, musicals; tots ells són constructors de la personalitat. I ara les xarxes socials amb les característiques tan peculiars que estan aportant, entre les quals, per exemple, hi ha l'anonimat, que podria ser un factor tan educador com deseducador perquè en l'anonimat hi pot haver un punt del que podríem anomenar encobriment de la responsabilitat. S'eludeix la responsabilitat. Però, òbviament, també hi ha la capacitat de fer xarxa, la capacitat d'intercanvi espontani, múltiple i constant.

Li riem massa les gràcies a la tecnologia?

I acabem creient que tot el que es pot fer tecnològicament es pot fer èticament i socialment. I no és exacte. No tot el que es pot fer, es pot fer. Hi ha coses que es poden fer, com ara calumniar. Calumniar es pot fer a través de la xarxa... T'amagues darrere d'un avatar, o d'un pseudònim, o com vulguis dir-ne, i calumnies. Encara que ho puguis fer tecnològicament, èticament no és acceptable.

Estem perdent el temps de pensar.

Una característica de l'educació tal com l'hem conegut és un cert *tempo lento*, que diuen els músics. Estem en una acceleració permanent que, en aquest sentit, és antieducativa, o no és educadora, perquè impedeix de vegades la reflexió que ens permetria prendre decisions més pausades, més encertades.

Dius que la ciutat ha de ser educadora.

Sí, la ciutat és la unitat de convivència més completa, perquè per sobre de la ciutat ja trobes la nació, l'estat... Entitats que potser són massa grosses. Les ciutats són barris, són estructures físiques de cases, llocs d'esplai, llocs d'esport, tot tipus d'activitat de lleure, també tot tipus d'activitat de treball... I a la ciutat es produeixen estils de vida, maneres de fer que acaben conformant, ajudant a conformar, la personalitat de cadascú. I les ciutats arriben a tenir personalitats pròpies. I aquest estil impregna també els seus ciutadans. I la ciutat és plena d'oportunitats educadores perquè genera cultura, esport, formes musicals, estils de circulació.

El mestre ha de ser vocacional?

Preferiblement vocacional. Encara que la paraula *vocació* té un origen religiós, perquè és que Déu et crida a fer una determinada cosa, però bé, si prescindim d'aquest origen, la paraula *vocació* ha passat a designar el que podríem anomenar una mena de convenciment íntim que allò és el que val més per a la teva vida. Si tens vocació, és a dir, una motivació íntima i forta, probablement el teu grau d'eficàcia serà més gran que si enfoques l'educació amb la mateixa fredor amb la qual podries estar fent croissants o automòbils.

I requereix compromís.

L'exigència diària del contacte amb els nens és alta. Si no hi ha aquest suplement de força íntima, de vegades costa de resistir. De vegades trobes algun professional que diu, « és que m'he cremat, és que em costa molt...». Potser parties d'una fredor, que no és culpable però que és un inconvenient.

Que l'alumne estigui motivat és responsabilitat del mestre o han de venir motivats de casa?

La motivació té molts pares i mares. Ha de ser el resultat d'un afecte familiar assegurat i d'una habilitat o competència molt pròpia del mestre de saber implicar el nen en el procés del seu propi aprenentatge. Les motivacions més fortes són una combinació d'element afectiu procedent de la família, confiança en el nen, reconeixement del seu esforç i, per part del mestre, implicació del nen en el seu propi aprenentatge. Aquest mestre no m'està traspassant uns coneixements com aquell que em posa un rajol a sobre, sinó que m'està implicant en un progrés del qual jo, a més a més, en gaudeixo, perquè el nen mentre aprèn gaudeix.

Quina autoritat és la bona?

Hi ha una etimologia de la paraula *autoritat* que és molt bonica i que s'ha de recuperar precisament per superar les males associacions i connotacions que té la paraula *autoritat*. *Autoritat* ve d'*auctoritas*, en llatí, d'*auctor*, que és la mateixa paraula que dóna origen a *autor* en el món de la creació, una paraula molt preuada, com és lògic. I el que vol dir *auctor*, procedent del verb *augere* –que vol dir incrementar o fer créixer–, remet a la idea que l'autoritat és aquella que dóna impuls a algú perquè faci allò que cal. És a dir, tot el contrari del que havíem entès sempre per autoritat; perquè l'autoritat s'ha presentat sempre com algú extern, com algú per sobre i algú que para i frena, i en canvi resulta que la bona autoritat és la que impulsa, la que fa créixer. La imatge més bonica d'autoritat és la del jardiner, que té cura d'aquella planta, que sap que li va bé l'aigua, que li va bé un tipus d'adob, que li va bé el sol i que procura que tingui els elements precisos.

El duel entre ciències i lletres durarà sempre?

Que trist que és. És un dels errors. Ja ho va denunciar l'any 1956 un professor de Cambridge, Charles Percy Snow, que va parlar de les dues cultures, la humanística literària i la científica positiva, enfrontades entre elles com una tragèdia i una desgràcia per al nostre saber. Hem de reivindicar la unitat amb el saber humanístic. El saber humà és únic, encara que és veritat que per funcionalitat necessita especialitzar-se.

Parlem de l'ètica.

Hi ha un dictamen atribuït a Einstein que diu: som en l'època de la història que té els millors instruments o la millor tecnologia al servei de les finalitats més confuses. Intentem consensuar una ètica de mínims perquè ens hi juguem la humanitat. Per exemple, amb l'ús i abús d'antibiòtics el que estem fent és entrenar els nostres bacteris per superar-los. De manera que com més antibiòtics fem servir, menys serveixen. Per tant, siguem assenyats. No perquè puguem disposar de molts antibiòtics n'hem de prendre molts.

I com s'ensenya l'ètica?

És com caminar caminant. Tenint un comportament que respongui a patrons d'aquests que diem de bona personalització. Jo diria que és molt important recordar que l'origen de la paraula *ètica* és doble i que té dos continguts molt bonics. Un, *ethos* (amb eta, e llarga grega): significa «llar, niu, espai d'acolliment». I l'altre, *ethos* (amb e breu o èpsilon) significa «tarannà personal». I el que ens està dient és el següent: cadascun de nosaltres està cridat a construir-se un tarannà personal singular, irreductible a qualsevol altre, però només ho pot fer a partir d'uns valors d'acolliment i d'un cert caliu, per dir-ho així, de la llar. Aristòtil, quan escriu la seva ètica per al seu fill Nicòmac, diu: «Fill meu, vull explicar-te què és la millor pràctica de la vida perquè siguis feliç». Ser feliç és la necessitat principal de l'existència.

I què és ser feliç?

La *felicitat* és una de les paraules que ha estat més castigada, per dir-ho així, pel prejudici i per la manipulació, i per una connotació moltes vegades frívola. Com és que es confon la felicitat amb la pura passivitat? És a dir, sóc feliç quan no faig res, el *dolce far niente* dels italians. O la felicitat associada al que podríem anomenar l'estil de vida d'Eurovisió, la felicitat de la cançó de l'estiu.

Som en temps de felicitat lleugera.

És evident que els ingredients de la felicitat són múltiples i que la llibertat permet que totes les persones poden triar el que els convingui més, però hi ha unes propostes molt serioses segons les quals la felicitat seria no una passivitat sinó una activitat. És a dir, ser feliç no vol dir deixar-se anar, sinó que vol dir «arromanguem-nos, comprometem-nos», fem alguna cosa. I fer què? Aristòtil hauria dit fer la virtut. Nosaltres diríem construir valors. I sobretot, oblidem-nos de la felicitat, que la felicitat vingui com una derivada de la nostra actuació compromesa.

La funció principal de l'escola és superar la desigualtat? Creus que la compleix?

Evidentment no la compleix, per defecte del sistema general polític i social que sosté l'escola. Si tota persona té la mateixa dignitat i defensa el dret a la vida, el dret a l'educació, està postulant aquesta ètica universal, està postulant la correcció de les desigualtats. I sembla clar que dels instruments que la societat es pot donar a ella mateixa per anar en aquest camí l'educació n'és un dels principals. Hem aconseguit un sistema escolar que, en el seu conjunt, està ajudant a una certa correcció de desigualtats, tot i que passem per fases més positives que altres. La manera com hem entomat, com a societat, de manera molt singular a través de l'escola, la qüestió de la immigració ha estat exemplar. Literalment exemplar. I de vegades no som prou sincers a l'hora de reconèixer-ho. Escoles de poble, escoles de ciutat, escoles de barri han fet petits miracles, en un temps molt curt, a una arribada molt massiva de nens i nenes amb una situació lingüística, cultural, religiosa, familiar, social, que al principi feia témer resultats molt negatius.

Vas ser conseller d'ensenyament. Vas estar més content quan vas ser-ne o quan vas deixar de ser-ne?

Vaig sentir molta alegria quan vaig rebre la confiança del president Pasqual Maragall; i vaig viure amb serenitat no continuar amb el president Montilla.

Ser mestre encara no té prestigi.

Lamentablement és així. Pensem que, no fa gaires anys, per ser mestre es demanava el que llavors era batxillerat elemental, equivalent al que havia estat la bàsica, és a dir, ensenyament primari fins als 14 anys, més dos anys i un de pràctiques. És a dir que ni de bon tros s'acostava a la universitat. Ara ja estem amb la selectivitat com tothom; a més a més, per al grau es demana una certa nota perquè hi ha més demanda que places. A mesura que això es vagi estabilitzant, crec que també anirà creixent el prestigi de la professió.

Haurien de cobrar més, els mestres?

Estan acceptablement ben pagats. Ara ja no es pot dir allò de «passa més gana que un mestre d'escola», ni de bon tros, ni de broma.

Quan ens emmirallem en Finlàndia, què penses?

Allà els estudiants més bons fan l'opció de magisteri perquè és una professió socialment molt apreciada. És un camí per entrenar-nos i intentar seguir-lo. Però bé, venim de la cultura que venim, del fons dels segles; hi ha unes inèrcies profundes que fan que no sigui fàcil plantejar-nos un objectiu finlandès.

Ets optimista?

Sóc optimista de la voluntat, que deia Gramsci, encara que una mica pessimista de la raó. Entenc que la vocació docent és essencialment optimista, perquè sap que davant hi ha unes persones que esperen de tu el millor impuls per al seu creixement com a persones òptimes. I això en certa manera explica per què hi ha hagut tants mestres mal pagats durant la història, tot i haver fet una gran feina docent. Per tant, generositat i amunt. Diríem que tenim l'obligació de ser optimistes i la bona notícia és que si ets optimista ets més feliç. L'optimisme és un bon negoci.

Et consideres ben educat?

Vaig tenir la sort de viure en un poble, a Ripoll, en el qual em van portar de petit al parvulari de les monges vedrunes, on vaig començar a ser escolanet, vaig passar a ser escolà al monestir de Ripoll i les monges i el rector em van dir: «Tu series un bon capellà». I vaig anar al seminari de Vic. Què puc dir d'aquest procés? Que n'estic molt content. Vaig poder estudiar català amb una persona que després s'ha fet una mica coneguda en el món de l'ensenyament del català, que és Josep Ruaix. Les fitxes de Ruaix van ser elaborades mentre jo estudiava amb ell. Després vaig fer filosofia al mateix seminari... i vaig anar a la Universitat Pontifícia de Comillas, dirigida pels jesuïtes, on vaig rebre un altre tipus d'educació que també em va servir. Després ja vaig descobrir que no tenia vocació sacerdotal i vaig fer filosofia civil.

I a casa, com et van educar?

La meva mare, amb un afecte incondicional, com la majoria –per no dir totes les mares–, i el meu pare, amb una combinació de seriositat i de gran bondat. El meu pare el vaig considerar sempre, com deia Machado, «un hombre, en el buen sentido de la palabra, bueno». I això ho trobo decisiu. Abans has preguntat com s'ensenya l'ètica. Doncs s'ensenya així. S'ensenya osmòticament. Per la pura pràctica, quan veus que aquella persona fa actes bons amb una gran naturalitat, amb un gran convenciment, penses «ostres, doncs això està molt bé i jo també ho faré». No has ni de pensar-hi, no?

I tu, com has educat?

El respecte em sembla absolutament essencial, i l'estímul intel·lectual. Ensenyant filosofia tens un repte molt bonic que és el de generar en el que ens escolta, i que acabarà parlant amb tu si ho fas bé, la inquietud per l'aclariment dels conceptes. Aquesta inquietud –admirar-se, estranyar-se, interrogar-se...– i entrar en aquest diàleg que, com deia Plató, és on, de tant en tant, molt rarament, es produeix l'espurna de la veritat. Per això Plató, quan els seus deixebles li van demanar que els escrivís el que ara diríem un manual del seu coneixement, va dir «no ho faré mai això, perquè la veritat només surt en la pràctica del diàleg».

Roser Salavert

© Xavier Bertral

Roser Salavert i Casamor (Sabadell, 1954) és directora general del districte escolar 3 de Nova York. És diplomada en Magisteri, màster en Psicolingüística per la Universitat Autònoma de Barcelona i doctora en Gestió Educativa i Tecnologia per la Universitat d'Amherst. Des del 1981 exerceix la seva carrera professional als Estats Units.

9 de juliol del 2015. De Sabadell a Nova York, aquesta experta en educació té la sort de tenir una feina que li permet conèixer experiències innovadores a l'escola. I nosaltres tenim la sort que, malgrat la distància, o gràcies a aquesta distància, disposem de la seva mirada més objectiva sobre com podem educar millor a casa nostra. Per això, sempre que pot, aporta el seu coneixement i s'implica en projectes catalans que busquin la manera de reinventar l'escola en directe, i amb la canalla a dintre, un dels reptes més apassionants, complexos i urgents que afrontem ara mateix.

Treballes en innovació, des de la universitat però trepitjant escoles novaiorqueses.

Ja fa tres anys que treballo als jesuïtes de la Universitat de Fordham, en un projecte amb el departament d'Ensenyament de l'estat de Nova York per millorar aquelles escoles que, a causa del percentatge de població que tenen –moltes vegades immigrada, amb una situació social i econòmica feble–, pateixen dificultats per avançar i progressar de manera sostinguda.

Com es fa aquesta feina?

Com si fossis el metge. Vas allà i estudies tota l'escola, busques els símptomes. Sempre busco, per començar, el que fan bé. I cal ajudar-los a buscar uns objectius clars, que després són compartits, i trobar la manera que vagin avançant dintre del que ells ja s'havien plantejat. No es tracta de tenir èxit el primer mes, ni el segon –tot i que a vegades passa–, sinó que l'èxit escolar sostingut és a llarg termini. El que cal és la transformació interna. I a això és al que em dedico: a ajudar que es coneguin, es transformin i siguin capaços de continuar sense la feina externa d'algú que els digui què han de fer.

Ho fas a través de la direcció del centre o amb tots els mestres?

És una bona pregunta, perquè has de veure per on començar. El director del centre i l'equip directiu, a vegades, poden ser part del problema i no part de la solució. Miro de conèixer la globalitat. I podria ser que un mestre que estigués callat fos qui fa la millor feina, o podria ser que els que tinguin una bona proposta per fer siguin un grup de pares o d'alumnes.

Els alumnes saben detectar què cal millorar?

Els pots fer la pregunta. Si veus que no van a classe, o arriben tard a primera hora del dia, perquè allà comencen a les vuit del matí, i els preguntes «Per què arribes tard?», a vegades alguns tenen respostes que són molt vàlides. Uns han acompanyat els germans petits a altres escoles, o tenen feines fora de casa. A vegades és perquè és l'assignatura més avorrida. Els alumnes poden ser molt directes, i aquí comença el diàleg.

L'escola és avorrida?

Per a un noi de 13 o 14 anys tot és avorrit. L'has d'estimular intel·lectualment, aquesta és la qüestió.

L'escola s'ha d'adaptar al món?

La funció de l'escola és formar persones que contribueixin a la societat. Ha d'estar vinculada a la societat. Perquè si formem persones que no estiguin contribuint a la societat, una societat que canvia cada dia, hem de plantejar-nos què és l'educació. I des d'aquest punt de vista, l'educació en aquests moments ha de partir de l'aprenentatge i no de l'ensenyament.

Hem d'ensenyar a aprendre?

Quan no teníem accés a Google ni a res de tot això, el mestre tenia l'obligació de transmetre informació d'una manera acurada. Tenia sentit que presentés la informació, que l'alumne escoltés i que hi hagués unes proves per veure si havia accedit a aquella informació exacta d'una manera correcta. Perquè era la informació que necessitaria després per contribuir a la societat i a l'economia de la societat. Ara aquesta no és la qüestió. És al revés. El mestre ha de ser un gran expert. No ha de ser capaç de saber aquella informació limitada que hagi de transmetre i prou, sinó que també ha de tenir un ventall de coneixements per saber què és rellevant, què és irrellevant, què cal aprendre en aquests moments i per què. Com a alumne, el que s'ha de saber són les competències bàsiques: analitzar, saber fer síntesi d'informació, saber ser crític amb el que veus i saber posar informació en diferents llocs i fonts de manera coherent. I el mestre, com a expert, ha d'aplicar-ho tota l'estona, perquè si no la seva lliçó no tindrà ni cap ni peus.

Per tant, els mestres han de canviar molt.

Els mestres han d'aplicar el que en diem aprendre per aprendre. Han de ser apassionats pel que ensenyen, siguin matemàtiques, socials, llengua, literatura o poesia. I han d'estar oberts a totes les possibilitats. Veure què es diu d'aquesta poesia a través d'internet, quina és la visió de la història d'Espanya si miren aquesta font o una altra, valorar quina trien o si les presenten totes dues i fan un debat, o si presenten als alumnes només la seva visió.

Ha de ser més creatiu.

El mestre ha de saber com fer preguntes, i l'alumne ha de saber no tan sols com contestar-les, sinó també com fer-les a algú altre. Has de saber com preguntar i com respondre. Si li dic a l'alumne «identifica i explica», aquests dos verbs combinats aprofundeixen en el coneixement. Les preguntes que el mestre ha de saber fer, encara que no en tingui ni idea de l'assignatura, serien: «Explica'm per què has fet això així», i «A través de l'explicació, em pots donar algun exemple aplicat?». És a dir, s'ha de saber identificar, explicar, aplicar, i després anar al punt creatiu: «I si et trobessis en aquesta situació, com hi respondries?». Aquesta és la manera d'ensenyar d'avui.

Els mestres han de ser més humils i flexibles.

Jo agafaria un grup de mestres de llengua que estan ensenyant una literatura específica i els preguntaria: «Quina és la novel·la que esteu ensenyant ara?» –i que han ensenyat durant deu anys, perquè són els mateixos llibres–, i en dirien una. Aleshores els diria que es trobessin tots i debatessin sobre el llibre, que aprofundissin en aquella matèria, en lloc de dir quin és el títol, quins són els personatges principals, per què passa això... En el moment de tornar-se a llegir el llibre arribarien a un segon nivell. Si fas això els mestres s'ho passen bé. I són experts ells mateixos, aprenen per aprendre. I això és el millor tipus d'entrenament. Ho és tot.

Tots recordem un mestre que ens va marcar.

Ara et faré jo la pregunta: per què recordes aquest mestre?

Era un apassionat de la filosofia. I transmetia un entusiasme encomanadís.

I aleshores vas començar a estudiar filosofia i era la cosa més fàcil del món? O t'hi vas haver de dedicar més?

No, no era fàcil.

És a dir que el mestre que recordes és el que exigeix. És el que veu potencial en tu i et posa algun repte que d'alguna manera pots definir. Aquest tipus de repte és el que planteja el bon mestre. Penso que tots els mestres, com a professionals de l'ensenyament, poden ser molt bons. Ara, si fas de mestre perquè no has trobat res més, és igual que el que fa de periodista i no li agrada.

Ha de ser vocacional?

Tant com el periodista i l'artista, que també han de ser vocacionals. La vocació es porta a dintre, però va d'alguna manera lligada a un exterior, a un context i a unes circumstàncies que t'hi porten i et motiven. Jo mateixa no tenia per què haver estat mestra. Recordo que de petita volia ser química, com el meu pare. I aquell estiu em vaig trobar que hi havia poques noies allà, a la facultat, i li vaig dir a la meva mare: «I si faig de mestra?».

És més un artesà o un artista, un mestre?

És una molt bona pregunta, i et donaré una resposta llarga. Tots hem estudiat molt l'obra de Richard Elmore, que és a Harvard i ha fet molt treball de camp en la transformació de centres i d'escoles. Els seus paràmetres són que per arribar a transformar un centre no es comença convencent ningú. Es comença aprenent tècniques. Un cop domines la tècnica pots fer més. És a dir, que la tècnica és el que després porta uns resultats immediats que són satisfactoris. I si després tens centres amb un grup impulsor i innovador que faci recerca de coses interessants que poden sortir bé, i d'aquest èxit se'n comença a parlar, i es busca quins n'han estat els elements essencials, es passa no només a tenir una tècnica sinó també a tenir una motivació per fer-ho. I quan això es porta a un nivell sistemàtic, és quan ja transformes un centre.

La innovació requereix una avaluació permanent del que està passant.

Naturalment.

Notes resistència dels mestres a ser avaluats?

A Catalunya i a altres llocs hi ha una situació que és una mica original, en el sentit que l'avaluació del professorat no la fa la gent que viu al centre. Normalment vénen uns inspectors de fora. Entenc el mestre que diu que per què li ha de venir un senyor de fora a qui no coneix de res. L'avaluació del mestre com a professional de l'ensenyament la fa un mateix i la fan els alumnes, encara que no t'ho pensis. Si no et vénen a classe o no et fan els deures, o si no els agrades, o no es porten bé, t'estan posant nota.

Quin lideratge ha d'exercir un director de centre?

Ha de tenir una sèrie de coneixements de gestió. Aquí es va donar més autonomia als centres, però no pot ser que un que faci de director també hagi de donar classe. I la seva funció no és només assegurar que el pressupost estigui distribuït d'una manera correcta, que els alumnes vinguin a classe i que els professors funcionin.

El mestre ha de fingir per donar confiança a tots els alumnes?

Jo en dic tècnica, d'això. Els mestres han de tenir expectatives altes per a tothom. Però llavors hi ha mestres que diuen: «Impossible. Aquest noi no arribarà a fer mai res». I estic d'acord que no cal convèncer aquest mestre. Que pensi el que vulgui, però en el moment que doni classe, que mostri expectatives altes per a tothom. I ja està.

Fer sentir a l'alumne que té opcions, oi?

I posar estratègies que l'ajudin, i els recursos necessaris perquè vagi aprenent. A vegades en dic el sistema GPS. Per on passaràs fins que arribin allà?

Els millors mestres que has conegut tenen trets comuns?

El tret comú que tenen tots ells és que creuen en l'alumne. Creuen que l'alumne pot aprendre. És el mestre que hi veu més enllà del dia a dia. Ara, si un és més callat, o si un és més teatral, això ja són maneres de demostrar i maneres de fer. Jo no salto ni ballo a classe, però considero que potser sóc eficient.

El mestre està obligat a ser optimista?

Si tens expectatives altes has de ser optimista. Treballo molt en instituts on hi ha alumnes que ja tenen 15 o 16 anys i que, per la raó que sigui, no han pogut anar a escola de manera formal. És a dir, que són alumnes amb un potencial alt però amb un nivell acadèmic baix. Has de ser optimista perquè puguin arribar a realitzar-se.

Les avaluacions estil PISA hi ha gent que les qüestiona perquè condicionen massa la manera com s'ensenya per superar les proves.

Normalment són preguntes que van molt més enllà de la memorització. Són preguntes que no pots ensenyar a classe. El que pots ensenyar a classe és el que dèiem abans, les competències bàsiques, les habilitats que et calen per poder fer aquest tipus de feina. El treball competencial és molt diferent del tipus de proves que es feien abans, que eren per barems de percentatges i es basaven en la memorització. Els exàmens PISA no es poden ensenyar.

Tu creus que les competències són avaluables de manera objectiva i metòdica?

Les competències són avaluables i haurien de ser avaluables. Quan es tracta de les competències bàsiques no competeixes amb els teus companys, com passava amb l'avaluació tradicional, on un percentatge d'alumnes passava les proves i l'altre no. No ets part d'una avaluació de grup, ets part d'una avaluació personal. Per això les competències són molt importants i són bàsiques. Crec que PISA està fent una bona feina. L'any 2014 la mitjana d'hores que els països de l'OCDE dedicaven a l'escolarització obligatòria eren 7.470, o una cosa així. Espanya és un dels països que hi dediquen unes 8.000 hores. És a dir, que està per sobre de la mitjana. Després hi ha una altra estadística en què es diu quin és el nivell de competència de tota aquesta gent, i Espanya està cap als últims llocs. Hi dediquem moltes hores però el resultat no és tan alt com podria ser. I aquesta és una de les preguntes que faig quan parlo amb educadors d'aquí, en el sentit de com fem servir el temps.

És perquè encara som en l'època de la transmissió de coneixements? És perquè es té por d'aquest tipus d'avaluació on l'alumne ha d'aplicar aquests coneixements competencials, com són haver d'analitzar i ser crític, i no haver de memoritzar? Què faries amb els horaris escolars?

Això ja és una cosa de context. Vull dir que si els pares i mares han de treballar fins a les nou del vespre i han d'anar a casa al migdia, té sentit que l'escola tingui uns horaris similars. Si els pares i mares treballen fins a les tres de la tarda, no té sentit que el nen treballi fins a les sis. Això ja és una cosa més general. El que és molt i molt important és com fem servir el temps. Com fas servir les moltes o poques hores que tens l'alumne davant teu a l'aula.

I dels deures, què en penses?

Exactament el mateix. Hi ha molts mestres que diuen: «No, això ho fas a casa». Els deures han de ser de reforç, han de ser per disfrutar, del que en diem estendre coneixements. Però no poden ser per compensar el que no s'ha fet a l'aula. Els vídeos tutorials poden ajudar molt, per exemple. Sí, el *blended learning*, l'aprenentatge mixt, és molt interessant. He vist mestres que el fan servir molt eficientment. Mira, he conegut un mestre de ciències al districte 4 de Manhattan que fa minivídeos, videoclips de dos o tres minuts amb els conceptes més importants d'aquells coneixements científics. Ell sap que a la seva aula molts alumnes estan pensant en altres coses. I aquests videoclips són el que els demana que mirin a casa. Però ell ha tingut molta feina fent-se vídeos d'ell mateix de coses que vol que aprenguin. Domina la tècnica, sap el que vol, i els diu que ho mirin a casa. I llavors, quan arriben al matí, el que veig és que els alumnes treballen individualment o en parelles a partir del que han après a casa. I funciona perquè sap el que vol i ha preparat les lliçons d'aquesta manera. No funciona si dic: «Agafeu un vídeo, mireu-lo i ja l'explicarem».

Cal entendre que la tecnologia és només un mitjà.

Visito força escoles, i una de les meves feines és avaluar certes coses. I és interessant veure quin ús se'n fa, d'aquestes pissarres digitals. He vist molts mestres que les fan servir com si fossin una pissarra tradicional. La tecnologia és fonamental i és boníssima si saps com fer-la servir. Però primer l'has de conèixer. I una manera bona és treballar en equip. Els mestres que treballen en equip, ara en diem comunitats professionals d'aprenentatge, s'ho passen bé, aprenen i després ho apliquen. I llavors funciona. Es tracta de compartir bones pràctiques. Tu sol no ho pots saber tot. Una altra cosa que es procura que facin els mestres i professors és visitar aules de companys. Els mestres sempre tenen unes hores lliures de planificació. Els bons centres, durant aquestes hores, proposen visitar altres classes. I no hi vas a criticar. Hi vas a buscar idees i veure com ho pots fer servir, i a establir un diàleg. És la manera de crear una autoavaluació interna, de crear força interior, de crear aquests nuclis. Hi ha escoles que passi el que passi exteriorment continuen funcionant. I són aquelles que són crítiques amb el que fan, que saben com ho fan i on han anat treballant tots junts.

S'innova més en escoles amb dificultats, perquè s'han d'arriscar més?

A les escoles de Nova York el curs 2003-2004 es va imposar la innovació. Per posar-ne un exemple, en una de les escoles on treballo hi va haver violència fa un any. Els alumnes conflictius es passaven molta estona amb els psicòlegs, però a l'aula no s'entenien. Vam triar deu nens dels més conflictius però amb més potencial. Aquests eren el nostre grup diana. I treballant amb aquests nens a final de curs es van trobar una sèrie d'estratègies perquè volguessin anar a classe. El que hem aconseguit a final de curs és que creïn la cançó de l'escola. Aquests alumnes tenien una autoestima molt baixa i han estat els líders a l'hora de crear la cançó de l'escola. Sembla poca cosa, però és una cosa innovadora que té molta força i que es continuarà l'any que ve. Aquests són els petits enfocaments amb què una escola que ja ho tenia tot perdut va dir «Mira, comencem per aquí».

La pobresa és el gran problema.

És el factor més important, és un problema extrem, i, com a mestre, no el pots resoldre. Pots fer moltes coses però no el pots resoldre. Com a escola, el pots aturar però no el pots resoldre. No pot ser l'escola la que doni feina als pares, no pot ser l'escola la que substitueixi una família poc estructurada, d'aquestes que n'hi ha força i són transitòries, que no tenen casa. Treballem amb moltes escoles amb famílies amb aquests problemes. I com t'ho fas? L'única manera que conec i que funciona és, si es fa bé, crear el que en dic escoles comprensives, *comprehensive schools*. Són escoles que treballen coordinades amb els serveis socials d'aquell entorn. Escoles on tenen una aula que els sobra i hi va un dentista un cop a la setmana. O una altra aula que els sobrava i hi va l'agència social i ofereix unes hores perquè els pares hi puguin anar. És a dir, que fan servir l'entorn escolar o l'edifici escolar per a funcions que d'una altra manera no es podrien portar a terme. Aquestes escoles, que allà anomenen *community schools*, són una de les prioritats de Nova York, perquè allà hi ha molts casos de pobresa, i els mestres no ho podem solucionar. Però sí que pots ser part de la solució si treballes amb un conjunt d'agències, hospitals, agències socials i d'altres que potser tenen les seves oficines, però els pares no hi van.

Si quedem d'aquí a deu anys, les escoles seran molt diferents de com són ara?

A Catalunya hi ha molt coneixement. Els catalans som gent amb recursos i innovadora. En el moment que poses tot aquest coneixement en objectius concrets pots fer-ho. D'aquí a deu anys, a les escoles on entenen l'èxit sostingut, tot dependrà d'elles. No depèn tant de recursos externs de fora – que ajuden, però no tant. Peter Senge treballa amb *learning organizations*, organitzacions que aprenen. Les escoles han d'aprendre que l'important no és si han estat vint-i-cinc minuts davant d'aquesta pantalla digital, sinó la coherència entre els membres de l'equip, i el lideratge i la participació de l'alumne. Cal saber avaluar el que tens, saber tirar endavant i tenir objectius clars.

José Antonio Marina

© Ruth Marigot Murillo

José Antonio Marina Torres (Toledo, 1939) és filòsof, pedagog i escriptor. El seu pensament i el resultat de les seves recerques han quedat reflectits en els seus llibres, i el seu treball s'ha orientat a desenvolupar una filosofia sistemàtica, coherent, universal i ordenada, a partir d'eixos com la teoria de la intel·ligència, la creació, la intel·ligència compartida, la filosofia de la cultura, l'educació i l'ètica. Els seus darrers llibres són *El aprendizaje de la creatividad* (2013), *Els secrets de la motivació* (2013), *La recuperación de la autoridad* (2014), *El talento de los adolescentes* (2014) i *Miedos y el aprendizaje de la valentía* (2015).

6 de novembre del 2014. José Antonio Marina ha vingut a Barcelona per donar una conferència al Palau Macaya i abans tinc la sort de compartir una hora i mitja amb ell. És un filòsof amb una gran capacitat de divulgació i que ha abordat temàtiques diverses fins que, en els últims anys, ha quedat captivat i seduït per l'educació. Té ànima emprenedora i ha anat creant estructures pròpies des de les quals influir i ajudar els pares. És un intel·lectual valent i compromès que es mulla i no defuig les polèmiques. Entrevistar-lo és un plaer perquè, com a bon comunicador, deixa anar idees i titulars.

Ets un filòsof que des de fa anys s'ha especialitzat en l'educació.

L'educació és el que caracteritza l'ésser humà. Som *homo docens*, l'espècie que ensenya. Ens ha semblat que era necessari transmetre una part de l'experiència i els nous coneixements a les noves generacions, i això és el que ens ha configurat com a espècie. És el que ens ha anat separant de l'animal, el que ha creat cultura i el que cada vegada més està inventant mètodes de solidaritat diferents, de manera que és absolutament intrínsec a la definició d'ésser humà. L'ésser humà és l'ésser que educa, l'únic que hi ha.

Què passa amb els pares en aquests moments? Estem acomplexats?

Per la Universitat de Pares hi han passat 10.000 famílies, a qui seguim durant tot l'any amb molts fòrums. D'una banda, estan confosos, no saben ben bé què fer, reben massa missatges. Estan espantats perquè veuen que el món canvia ràpidament i no dominen gaire bé el món on viuen els seus fills. Amb la tecnologia estan tenint molta informació i els pares no saben gaire bé com intervenir-hi. Després es troben culpabilitzats, sobretot les mares. Pensen que no dediquen prou temps als fills, que si treballen estan desatenent les seves obligacions bàsiques...

Per què les mares?

De manera inconscient encara batega la imatge de la mare abnegada que ho és tot per als seus fills i no ha de tenir vida pròpia. En teoria, uns pares intel·ligents, dedicats i afectuosos estan en condicions d'educar els seus fills, però no en societats tan complexes com s'ha tornat la nostra. No tenim un consens educatiu, no tenim un consens de valors. La rapidesa crea molta incertesa, s'han ensorrat creences molt fortes i els pares no saben què poden exigir perquè s'han alliberat de les coses que els exigien a ells.

I cap on anem?

Estem en una època de transició, que no sabem si algun dia deixarà de ser-ho, i això produeix inseguretat. A la Universitat de Pares volem desdramatitzar tot això, confiar en els nens, i tenir idees clares per saber acomodar-nos al pas del temps. Quan se'ls fa perdre la por, en general els pares ho fan molt bé. No cal que es converteixin en psicòlegs, psiquiatres o dietistes... Intentem fer una educació basada en l'evidència del que funciona i del que no funciona.

Hi ha massa psicologia al món de l'educació? Se n'abusa?

Això sonarà molt malament, però hi ha massa psicologia en tota la nostra realitat. Per raons històriques complicades estem psicologitzant, patologitzant, tots els problemes. Hi ha problemes que no tenen solució psicològica però podrien tenir una solució ètica. Un exemple: l'empatia és bona o dolenta per a les relacions humanes? Sens dubte, bona. Però ha d'estar dins un marc ètic, perquè si no l'estafador té una empatia meravellosa. Hi ha coses que no es poden educar. Una de les teories psicològiques més potents, la psicologia cognitiva, de la qual es deriva una teràpia cognitiva, diu que el que importa no són les coses sinó la idea que tu tens respecte a les coses. Això està bé en una teràpia en què el que intenta una persona és creure que si canvia la seva manera de pensar en aquella cosa canviarà el seu comportament. Però això pot ser també d'un conservadorisme polític terrible: «No et preocupis de les coses, canvia't a tu mateix i deixa que les coses vagin com vagin». Hi ha coses que no tenen solució psicològica, tenen solució econòmica, social o política.

Per què ha passat?

La psicologia ha omplert buits que hi havia, no per culpa de la psicologia, sinó perquè tothom li ha anat demanant més coses. Ara, en qualsevol succés, el primer que es diu és que a qui sigui el va acompanyar un equip de psicòlegs. Hi ha una mena d'idealització. Tu sol no seràs capaç d'enfrontar-te a res, necessites l'ajuda d'un psicòleg. Jo crec que l'educació que hem de donar és la d'ensenyar a prescindir. Jo he de ser capaç de gestionar la meva pròpia vida sense haver d'estar pendent d'un conseller espiritual. Això deixa-ho per als moments veritablement importants. Tot és un problema. O ets massa simpàtic o ets poc sociable. Tens massa sexe o tens poc sexe... Hi ha un llibre d'Allen Frances que es diu *¿Estamos todos locos?* que fa una crítica, per exemple, a la patologització que s'està fent de totes les conductes. Aquest matí m'han passat dues coses. La primera, que la meva dona m'ha cridat l'atenció dient-me que no havia reconegut algú. És veritat, se m'oblida la cara de la gent. La segona, m'ha dit que havia menjat massa gambes. Bé, són comentaris de la meva dona, ja sé que he menjat massa gambes, però, si ho analitza segons qui, jo tinc una compulsió patològica a menjar gambes i un trastorn cognitiu de la memòria perquè de tant en tant se m'obliden les cares de la gent. Cal que tornem a la normalitat, que és com Frances titula l'últim capítol. La pastilla per ser feliç, la pastilla per tenir una vida sexual millor... Hi influeix que la felicitat s'hagi posat de moda, i s'hagi convertit en una mena de cirereta per a tothom. Això és un disbarat, perquè arribarà un moment que pretendre ser feliç serà de mal gust. Entre altres coses perquè el tipus de felicitat que es proposa, que és com de benestar absolut, salta pels aires en el moment que has de fer qualsevol cosa costosa o valuosa.

No cal buscar la felicitat cada dia.

Hi ha un estudi molt llarg que es va fer a Harvard en què van agafar una sèrie de persones voluntàries, els van donar una maquineta i set vegades al dia, sense cap tipus d'ordre, els trucaven i en aquell moment havien d'apuntar què estaven fent i en quin estat d'ànim es trobaven. La gent reconeixia que quan es trobava millor era quan estava treballant, però que al mateix temps en aquell moment estava desitjant deixar de treballar. A això ho anomenaven la paradoxa del treballador. O sigui, desitjaven que s'acabés, però el que feien un cop s'havia acabat la feina era menys satisfactori per a ells que el que feien a la feina. El fet que una part important de les situacions més satisfactòries puguin venir del món del treball no és pel món del treball en si, sinó pel fet que estàs fent una cosa. Sentir-te útil. Aristòtil deia que la felicitat no és un estat, la felicitat és una activitat. I que no es pot buscar directament. La felicitat és una cosa que acompanya una activitat. Quan estàs jugant, no estàs buscant la felicitat, estàs gaudint amb el joc. Una part important dels models educatius que proposem a la Universitat de Pares intenta aconseguir que cada noi i noia descobreixi amb què gaudeix.

Com es fa?

Tenia un alumne a 4t d'ESO que no feia ni brot, però tampoc emprenyava. Entrava a classe, s'asseia a l'última finestra, i s'estava allà tota la classe. I un dia el vaig cridar i li vaig dir: «Mateo, tu, els caps de setmana, què fas? T'estires al sofà a mirar la televisió i a menjar crispetes?». I em va dir que sí, menys un dissabte al mes. Li vaig preguntar què passava aquell dia, i em va dir que al Rastro de Madrid hi havia un lloc on venien gadgets de la Segona Guerra Mundial, i ell els col·leccionava i li interessava molt el tema. Li vaig preguntar si sabia dir-me com eren les botes de l'exèrcit alemany. Ho sabia tot. Li vaig preguntar si podria fer una conferència sobre allò als seus companys... Han passat els anys, un dia me'l vaig trobar i em va dir que estava acabant història. L'únic que havia fet era dir-li que aquella afició o activitat era valuosa.

Com es combina l'educació buscant l'interès o l'estímul amb la tesi que un procés d'aprenentatge requereix esforç?

Tots els nens tenen afany d'aprendre i tots gaudeixen aprenent. Aquests últims anys he seguit el meu nét més petit, i l'he vist des que estava a infantil. Ara té 7 anys, està a 2n de primària, i ja li comença a preocupar aprovar o no. Quan acaben primària, han deixat de banda el gust per aprendre perquè el que els importa és aprovar. I aquí s'espatlla tot. El que s'ha de fer en tot moment és veure com podem fomentar la curiositat i el gust per aprendre.

On se n'aprèn?

Els docents no som experts a ensenyar. Som experts a fer que els alumnes aprenguin, i per tant hem de saber què hem de fer perquè aprenguin. Com es motiva el nen, això és cosa de la professió. És com si un cirurgià li pregunta a algú com es pot treure la melsa. Aprèn-ne, perquè aquesta és la teva carrera.

I si no li interessa?

Els nens i els adults només tenim tres grans motivacions: passar-ho bé, tenir una vinculació social agradable i sentir que progressem. Quan tu vols que un nen s'interessi per les equacions de segon grau, el teu talent pedagògic ha d'esbrinar com pots enllaçar per a cada nen les equacions de segon grau amb algun d'aquests tres desitjos. En un serà perquè li hauràs donat un premi, en l'altre perquè li dónes el reconeixement i en l'altre perquè si gestiones bé les metes i ell s'adona que progressa ha picat l'ham educatiu i no el deixarà anar. Però tu has de veure com ho fas. La definició de motivació, que sembla cínica, és que motivar algú és aconseguir que faci alguna cosa que no li interessa fer. Que m'interessa a mi que faci.

Quins verbs conjuga un educador? Acompanyar, impulsar...

En primer lloc, impulsa; en segon lloc, ajuda a descobrir; en tercer lloc, acompanya i, finalment, aplaudeix. Sobretot s'ha d'aplaudir.

És la millor professió del món, ser educador?

A mi em sembla molt bonica. Mai m'ha interessat la universitat perquè no té funció educadora. M'atreu especialment la secundària –encara que per a la meva pròxima reencarnació demanaré primària–, perquè és el moment de gran complexitat en l'escola, perquè influeixes més i t'adones que es plantegen problemes en què pots influir. Els nois i noies et porten els seus problemes familiars, i tu ets allà com a gran protector, al lloc cordial on els joves poden trobar-se... Saben que són jutjats, però de manera diferent. Els has de donar l'absoluta certesa que tu estàs de part seva.

Així es guanya la confiança?

L'autoritat és quan aconsegueixes influir en una persona, però no per mètodes coactius sinó perquè aconsegueixes que et respecti. Els nois i noies són llestos i saben de qui es poden fiar i de qui no. En l'últim cicle de primària, els alumnes ja tenen 10, 11 o 12 anys i encara no han entrat en l'adolescència. Ho hem d'aprofitar perquè resolguin problemes; si no els resolen abans d'entrar a secundària, se'ls amunteguen les coses i resulta molt més complicat. Un d'aquests problemes, de tipus acadèmic, és la comprensió lectora. Si un noi o noia passa a secundària sense dominar bé la lectura, es queda marginat. Després hi ha els problemes de timidesa, la por social. I en tercer lloc, també hi ha els problemes d'agressivitat.

Tot abans de fer l'ESO?

Als 12 ja és una miqueta tard. Nosaltres posem la franja dels 8 o 9 anys per als problemes d'agressivitat. Això s'ha de tractar amb cura perquè, si no, resulta molt complicat. Ara n'hem hagut d'incloure un altre, perquè s'ha reduït l'edat, que és la preocupació excessiva per l'aspecte físic. Abans començava a partir dels 13 o 14, i ara està baixant. Fonamentalment et trobes nenes en aquesta situació, però també nens. Fer els deures abans de l'adolescència. Ara tenim una nova versió de l'adolescència que ens està donant la neurociència. Tots hem estat treballant amb la idea que hi havia un període gloriós de l'aprenentatge que era dels 0 als 7 anys. El que ens diuen els neurocientífics és que hi ha una segona edat d'or de l'aprenentatge, que és dels 13 als 17 anys. El nen ja ha après a ser nen, però en aquesta edat arribava el moment en què havia d'independitzar- se, la qual cosa significava que havia de caçar la seva pròpia presa, aconseguir una parella, tenir fills i guanyar-se la vida. És com si el cervell tornés a obrir un altre tipus de finestra d'aprenentatge, que serà molt més estable que l'altre. I que tindrà a veure amb les habilitats i els hàbits.

I s'han d'aprofitar aquests anys.

La matèria grisa, que són fonamentalment els nuclis neuronals i les dendrites, disminueix, i augmenta la matèria blanca, els axons, que són els segments de transmissió. Es forma un cervell molt més ràpid, que té menys sinapsis... Ha fet un procediment molt semblant, com a mínim jo ho entenc així, al que fa un ordinador quan comparteixes un arxiu. L'espai és un problema a l'ordinador i al cervell, cal compactar la informació. És allà però ocupa menys lloc. I amb tot això s'integra molt més i canvien els sistemes de recompensa. Canvien, i és com si tinguessis preparats dos premis. Explica coses que no enteníem bé, com les conductes de risc de l'adolescent. És que l'adolescent s'està fent càrrec del món i, si no s'enfronta ell als problemes, està allargant la infància.

Una mirada molt diferent.

Vull llançar una campanya a favor del talent adolescent, és el títol del meu últim llibre. Tots hem pres decisions importantíssimes en aquesta edat. Estem maltractant els adolescents perquè diem que és una edat absolutament conflictiva, de problemes... Les enquestes diuen que el 76% dels adolescents s'ho passen molt bé i es porten bé amb la seva família, però com que els estem pressionant, dient que si són adolescents han de ser així de conflictius, t'acaben donant la raó. Al final responen a l'etiqueta. En el llibre poso exemples de coses que ha fet gent d'aquesta edat. Poden fer coses fenomenals. Laura Bécquer és una nena que amb 14 anys s'entesta que vol fer la volta al món a vela en solitari. Ella ha viscut tota la seva vida en un vaixell, a Holanda, i els jutges li diuen que, encara que el seu pare digui que sí, no se'n podria anar. Ella insisteix i per fi l'autoritzen a fer la volta al món en solitari, amb la condició que ha de continuar fent per internet les feines de l'escola, perquè a l'escola s'hi ha d'anar. Va trigar dos anys a fer-ho, perquè anava fent escales, però va fer la volta al món en solitari. Deia que havia de tenir cura d'ella i del seu vaixell. Es pot dir que aquesta nena encara no està en edat de responsabilitat? Doncs home, com els milers de famílies que has vist per Mèxic o l'Índia, en les quals un nen o una nena s'està ocupant dels seus germans perquè els seus pares han desaparegut, han mort o són fora de casa.

Ho fem malament, doncs.

Si diem que un noi no és responsable fins als 25 anys, no seran responsables perquè no els estem demanant que ho siguin. Per què ho han de ser? Amb el desig d'ajudar els adolescents, hem creat un paradigma que en comptes d'ajudar-los els està fent pols.

La filosofia i la ciència podrien tornar a col·laborar més?

Quan hi va haver la separació entre les humanitats i les ciències era entre lletres divines i lletres humanes. Entre la teologia i la resta. Quan la teologia va desaparèixer, va començar a ser entre lletres i ciències. Hi ha un problema, que és que la ciència s'està fent més especialitzada, de manera que en aquest moment un gran matemàtic no entén més enllà del 10% de les matemàtiques que es fan. No ho entén, no sap per on van, de manera que l'especialització és necessària. On es pot buscar una unió és al començament, no al final. Al final se separaran. Precisament, això és el que jo intento fer amb la idea que tinc de filosofia, que té una idea de la intel·ligència, de com funciona la intel·ligència humana. Una teoria de la intel·ligència uniria els dos vessants. Una persona no hauria de saber matemàtiques, però sí que hauria de saber per què ha fet matemàtiques. És a dir, què és el número, per què ha funcionat allò d'aquesta manera, per què hem inventat l'anotació algebraica. No fa falta que sàpiga àlgebra, però que sàpiga exactament què és i com funciona. O les religions. Per què han sortit les religions? No et demanaré si aquesta religió és vertadera o no, però sí que puguis ser capaç de comprendre el fenomen.

Me'n poses un exemple?

Jo puc estar d'acord o no amb el nacionalisme. El que no es pot permetre és que no entengui quin és el fenomen. Per què han aparegut aquests problemes? Per què ha aparegut històricament la vinculació de la gent amb la seva tribu, nació...? A què treu cap? Quins van ser els excessos i què passa quan la gent no està radicada enlloc? Perquè hi ha unes pèrdues per excés i per defecte. Aleshores, ja saps de què estàs parlant. La història s'hauria d'estudiar com un continu enfrontament entre desitjos contraposats dels éssers humans, i analitzar les bones i les males solucions. El més senzill de les males solucions? Et fiques en una guerra. Les bones solucions sempre són més complicades. Quan es va decantant la democràcia és perquè hi ha una solució, però molt complicada. La guerra és molt més fàcil.

S'han d'acostumar a aquesta complexitat. I gestionar-la.

La complexitat vol dir que mai ningú estarà d'acord en tot, però a veure si ens posem d'acord en el que és fonamental. A Espanya, per exemple, per raons històriques està mal vist el terme *negociació*. El negociador és un traïdor. No, el negociador és necessari perquè quan hi ha dues persones que volen arribar a un acord però tenen interessos contraposats busquen una entesa. Tot això forma part del que seria una educació bàsica, que seria conèixer millor com funciona la intel·ligència humana, les seves possibilitats, la seva síntesi i les seves accions.

L'exhibició de corrupció que estem veient ara és un problema educatiu, ètic...?

És un problema de tot, d'educació social. Patim la síndrome d'immunodeficiència social. La societat no produeix anticossos per defensar-se de la corrupció, o de la violència, de la separació brutal de classes... En aquest sentit, això ha de ser un objectiu educatiu. El de produir anticossos socials, com el pensament crític, per exemple. I això ho hem descuidat completament. Quan no tenim aquesta possibilitat de defensar- nos, tenim malalties, i la corrupció és una malaltia perquè a més a més s'encomana. El corrupte forçosament ha de corrompre. Al final, les malalties socials són sempre malalties ètiques.

Com s'estenen?

Hi ha una corrupció delictiva, que és la que em preocupa menys, perquè si enxampo el culpable el castigo. I hi ha una corrupció suau, que en política, per exemple, és la ineficiència. La ineficiència és una corrupció. El malbaratament, per exemple. Una corrupció *soft*, per dir-ho així. Que la Unió Europea ens digui que a Espanya el 45% dels nois de 15 anys han repetit un curs, que els professors gasten el 16% del temps de classe mantenint l'ordre i que de mitjana un universitari triga nou anys a fer una carrera de quatre, i no en treballa gairebé cap... Això què és? Això és una mena d'indolència, de «tampoc li exigiré tant». És buscar un sistema d'excuses, «no hi ha qui els ensenyi, a aquests»... Doncs, noi, no vagis a la universitat.

Et sents còmode fent divulgació, no t'espanta creuar la barrera de l'autoajuda?

Cap dels llibres de filosofia els he escrit per a filòsofs, perquè cauria en la temptació d'utilitzar tecnicismes. Hem d'elevar el debat educatiu, i fer-ho a través dels mitjans amb què puguem fer-ho. Jo ho he fet a través de llibres, però es pot fer amb ràdio, diaris, televisió... Perquè has d'anar on hi ha la gent. No et pots esperar a la torre d'ivori i, quan vingui la gent, explicar-los la bona nova.

Francesco Tonucci

© Cristina Calderer

Francesco Tonucci (Fano, Itàlia, 1941) és pedagog i dibuixant. Ha impulsat diversos projectes dedicats a defensar els drets dels infants i a fomentar la seva participació en la vida pública. Alguns dels seus llibres són *La ciudad de los niños* (1997), *La maquinaria escolar* (2008), *Perill, nens* (2012) i *Amb ulls de nena* (2013). La seva producció com a dibuixant l'ha signada amb el pseudònim de *Frato*, i podem trobar una antologia dels seus dibuixos a *Frato, 40 anys amb ulls d'infant* (2007).

22 d'octubre del 2015. Francesco Tonucci inaugura un congrés d'educació a Madrid sobre els drets dels infants. Agafo l'AVE per escoltar-lo i després passar una horeta i mitja conversant amb ell. Tinc clar que tancarà aquest llibre. El promotor de la ciutat dels nens, l'home amb doble personalitat, la seva i la del dibuixant Frato, aquest enamorat del joc i l'espontaneïtat que ens sorprèn amb reivindicacions que haurien de ser òbvies, és la persona ideal per deixar-nos un bon gust de boca. Educat i encantador, acabem l'entrevista i ja busquem agendes per sopar un dia i continuar parlant del que més ens apassiona.

Has vist millorar l'educació aquests anys?

No, gens. Conec més Itàlia, però els nostres països s'assemblen molt. Veig amb preocupació el que viu la meva néta de 8 anys. És inacceptable que l'escola que està fent s'assembli tant a la que jo vaig anar fa setanta anys. Tinc fotos de la Nina mentre omple pàgines d'un quadern de cal·ligrafia. Pensava que això ja havia passat. No entenc per què encara es fa. En els debats, treballs, llibres i congressos que vam fer els anys setanta i vuitanta la cosa estava canviant. Sempre hem tingut mestres conservadors, però la xifra dels que semblaven avançar-se creixia i experiències com aquesta semblaven estranyes. I si em passa a casa –no ho he anat a buscar– vol dir que és freqüent. Experiències com conèixer el barri, sortir de l'escola i trobar artesans, convidar persones a l'escola, s'estan perdent.

Per què?

S'han acabat per la por de les famílies. S'ha acabat l'aliança família-escola. Per nosaltres era terrible quan érem nens, perquè si passava alguna cosa dolenta a l'escola segur que passaria també a casa. Avui és gairebé el contrari. A Itàlia és normal que un nen arribi a casa amb una mala nota i el pare li digui que no es preocupi, que l'endemà li arreglarà amb una amenaça a l'escola. Hi ha casos a Itàlia –no sé si a Espanya és igual– de famílies que denuncien l'escola per com avalua els seus alumnes.

Un mal símptoma.

És inconcebible. Sempre he tingut dubtes sobre l'avaluació escolar, però que la família denunciï el mestre perquè no ha aprovat el seu fill em sembla fora de lloc. S'equivoca molt la família, però significa també que l'escola ha perdut la capacitat per dialogar-hi. Trobar-se per discutir amb els pares sobre temes era normal els anys setanta i vuitanta. Es dedicava força temps a les trobades amb les famílies, sobretot a infantil i primària, i després s'anava perdent. Però avui dia es fa molt menys i es nota la diferència. Els mestres no surten de l'escola perquè pot passar alguna cosa, fins i tot al pati. Anem enrere, tornem al llibre de text i a un programa.

I per què li costa tant canviar, a l'escola?

Confien molt en les lleis. Tots els governs se senten amb el deure de fer una reforma educativa. A Itàlia no sé si n'hem passat deu o quinze. Aquestes reformes ho han canviat tot unes quantes vegades: programes, llibres de text, disciplines, horaris, l'arquitectura de l'escola. Ho han canviat tot, i l'únic que ha quedat intacte ha estat l'escola. Per què és tan resistent? Perquè l'únic que pot canviar-la és el mestre, d'això n'estic segur. I no s'ha fet gairebé res. A Itàlia hem viscut l'experiència vergonyosa de ser l'últim país que feia acabar la carrera formativa d'un mestre als 18 anys. I fa deu anys encara era així. Vaig acabar als 18 anys i podia donar classes a aquella edat, perquè el títol era habilitant. Les noies feien la Scuola Magistrale, i per a infantil acabaven als 17 anys. Una adolescent havia de fer-se càrrec de vint o trenta nens. Vam passar d'això a la llicenciatura. Però s'ha perdut l'oportunitat de pensar com s'ha de formar un mestre capaç.

Cal canviar la formació?

Aquests futurs mestres continuen escoltant lliçons que els mestres els dicten, prenen apunts i repeteixen el que ha dit el professor amb les seves mateixes paraules en un examen. Això no funciona. El mestre que es forma així donarà les classes així. Tot i que els continguts hagin canviat. És probable que aquests professors ara els expliquin coses dels meus llibres, però això no canvia res si el mètode és el mateix.

El mestre és conservador, en general?

Sí, però perquè a la formació no aprenen res útil per ensenyar. Quan es troben a classe, el model que els surt és el del mestre que tenien quan eren alumnes, vint anys enrere. I és una manera totalment conservadora d'entendre l'educació. L'únic que val és el que va fer el mestre que vam tenir. Què fem amb els nens? Tot el que ens ha ensenyat la universitat, la filosofia i la teoria no ens serveix. I el que surt espontàniament és el que feia el nostre mestre.

Quin verb ha de fer servir l'educador? Quin verb conjugaria per a un mestre?

Te'n diria dos. Escoltar i deixar. D'una banda, deixar que visquin experiències. I defensar que tinguin la possibilitat de viure-les. Crec que un nen sense la possibilitat de viure una experiència lliurement i autònomament en el seu temps lliure arriba a ser un mal alumne perquè no té res per aportar a l'escola. Deixar és un verb que trobo molt important. I els professors haurien d'ajudar els pares a entendre que l'han de deixar fer, i no ocupar-lo amb tasques. I escoltar és la base. Tot i que sembli el contrari del que ha de fer un mestre, parlar i que escoltin les criatures. En el moment que el mestre es posa a escoltar, ho capgira tot i crea una situació totalment nova. Els nens poden fer aportacions si veuen que hi ha una persona que s'hi interessa. No redueix el prestigi dels mestres i tothom aprèn molt. Quan un professor es posa en aquesta actitud d'aprenentatge arriba a ser un bon mestre.

Associem massa la innovació amb la digitalització.

El debat sobre el paper de les tecnologies ja té uns quants anys. Durant molt de temps es va discutir si es podia utilitzar la tele per oferir intervencions de grans educadors. La idea era que els mestres eren fluixos, no els podíem millorar. Calia buscar els millors del país, gravar-ne les intervencions i emetre-les. Era un projecte ridícul per ell mateix, perquè un mestre havia d'interrompre la seva activitat per presentar-ne un de millor, i no es va fer servir. Avui estem repetint el mateix. M'adono que el poder d'un ordinador és més gran que la resta. Té moltes capacitats. El llibre i la llibreta són eines lineals. L'ordinador no ho és. Té possibilitats múltiples d'ús. El llibre de text no pot fer salts. A la llibreta escrivim una pàgina darrere una altra. I què fa un mestre amb un ordinador? El fa servir el mínim. Menysprea les possibilitats que li dóna. Una cosa que val cent la fa servir per un valor d'un. I llavors no s'entén per què se n'ha de comprar un de cent. Hi ha un interès comercial molt fort. L'escola és un comprador fenomenal, té milions de persones. Si dónes una tauleta digital a cada nen, acaben sent centenars de milers.

Confonem l'eina amb el mètode, l'ordinador amb les opcions del món connectat.

I hem de vigilar amb aquestes eines perquè estan entrant a la vida dels nens massa aviat. I els pares ho afavoreixen perquè pensen que és una garantia. A Itàlia el telèfon mòbil normalment és el regal de la primera comunió, als 8-9 anys. I el pacte és que l'hi regalen, l'hi carreguen i no es pot apagar, i a canvi el poden trucar quan sigui i preguntar on és i què fa. És el contrari de l'autonomia. La idea era que quan sortís desconnectéssim d'ell. I quan tornés ja explicaria què havia fet.

Ara passa el contrari, els obliguem a un munt de mentides. A vegades no ens poden dir on són ni amb qui, i els empenyem a mentir. Agraeixo molt les tecnologies però em fa por pensar que una família pensi que no cal sortir de veritat, que ja es pot fer amb els amics per Skype. Hi ha edats en què els nens han de descobrir-se físicament, tocar-se, barallar-se. Són experiències insubstituïbles.

Parlant dels drets dels nens, una de les teves especialitats, has vist avançar la societat o tampoc?

Han passat vint-i-cinc anys i el canvi no es nota gaire. Quan vaig començar el 1991 a fer aquesta proposta la gent em mirava estranyada. Ara ja sona una mica, però no significa que se'n faci cas. Dic coses de sentit comú que no mereixen un aplaudiment. Si encara m'aplaudeixen és que estem molt malament. Els nens continuen passant gana, morint de malalties banals, com diarrees o xarampió. Continua l'analfabetisme. En això hi ha una alarma social considerable. El 2002 les Nacions Unides es van reunir a Nova York per analitzar aquests drets i es van comprometre a, per exemple, reduir al 50% les morts per gana. Rebaixar un 80% l'analfabetisme infantil. El compromís era fins al 2015. M'imagino que ara faran un balanç i no serà positiu. Però sobre els altres temes, els que m'interessen més, els de la ciutadania, els articles 12, 13, 14, 15, 16 i 31 específicament, no només no s'hi està treballant sinó que no s'hi para atenció. Quan parlo d'això la gent se sorprèn. Quan llegeixo l'article 12 («L'infant té dret, així que tingui un judici propi, a expressar la seva opinió en tot allò que l'afecta i a veure com aquesta opinió és atesa») la gent encara s'estranya.

L'article 31 («L'infant té dret al descans, al lleure, al joc i a la participació en activitats culturals i artístiques») sosté una cosa que ara és revolucionària, que el joc és la base per a les criatures. Avui dia no ho sembla.

No només per a les criatures, també per als adults. Els anys més importants de la vida són els primers. A Sigmund Freud li van preguntar en una entrevista quin era l'any més important de la seva vida, i va respondre que el primer. No ho deia amb sarcasme. I és veritat per a tots nosaltres. Els grans aprenentatges, com el temps i l'espai, es donen en aquesta etapa. El plor de la criatura és un missatge. Plora i rep una resposta. Per sort, normalment és bona i és el pit de la seva mare, que és el millor que pot trobar una criatura. I això el tranquil·litza fins que torna a tenir gana i torna a cridar. Aquesta relació és molt important. Sempre dic de no avançar la crida del nen. La crida i la resposta creen un joc que és la base del llenguatge. Hi ha un moment en què naturalment la mare s'hi acostuma i es construeix un horari dels àpats. Abans el donaven els pediatres, i era terrible perquè la criatura es despertava a les dues de la matinada per menjar. Al darrere hi havia la idea que el nen és tonto. Que dorm i no s'adona que té gana.

I és bastant més llest.

La mare es construeix un horari i ja ho sap. Un dia la mare està fent coses, li passa l'hora i torna a pensar que el nen és tonto: s'ha adormit i no s'adona que li toca menjar. Obre la porta i veu que el nen està despert, esperant. Això, que passa en poques setmanes de vida, és un moment fonamental, perquè esperar significa entrar en el temps. Sap que no fa falta que plori perquè la mare hi anirà. Això és una revolució. Imagina't si és important que, per exemple, els nens autistes no hi arriben mai. No poden esperar. La necessitat s'ha de connectar directament amb la satisfacció. Al llarg de la vida estudiarà els verbs, els temps verbals, les assegurances, la història i el temps. Però les bases del temps les agafa en aquest dia màgic. M'agradaria trobar-me amb els joves i ensenyar-los aquestes coses perquè desitgin tenir un fill. Avui es tenen pocs fills perquè s'ha perdut la percepció que ser pares és un privilegi.

Ara ho convertim tot en un problema. Hem creat un discurs negatiu.

I això era un petit exemple per dir com és de cert que als primers mesos es fa el més important. Es posen els fonaments. Els fonaments necessiten temps, però com que no es veuen no hi pensem. Els adults no s'adonen de tota aquesta feina que els nens fan. Els nens tampoc no se n'adonen i la idea que ens en formem és que no fan res. Tota l'educació infantil tradicionalment és de cura. A França encara se'n diu *materna*. A Itàlia fins fa poc també, i vaig lluitar molt contra aquesta definició, perquè significava que no calien professionals, amb dones n'hi havia prou. Les dones tenen sentit maternal –potser no sempre– i n'hi ha prou per cuidar nens petits que demà seran importants. Els primers tres o quatre anys, l'activitat fonamental dels nens és jugar amb el pit de la mare, amb les mans, els peus, el cos, i moure's per tocar coses que queden fora del seu abast, i sortir. Per això és important que des del tall del cordó umbilical en endavant els pares siguin conscients d'afavorir l'autonomia dels nens. M'agradaria que un nen de 2 anys pogués obrir la porta de casa, picar a la porta del davant per cridar el nen que és el seu veí i que poguessin jugar tots dos al replà. Sense cap perill, però fora.

Però anem en sentit contrari.

Contra això tenim un món dels adults que cada cop és més absurd. A Itàlia està prohibit que els nens juguin a l'escala de veïns. És un lloc molt especial. L'escala pot ser un mercat, un teatre, moltes coses, i abans ho aprofitàvem quan no hi havia l'ascensor. Ho havíem de desmuntar tot perquè la veïna passés. Avui, amb l'ascensor, l'escala no la fa servir gairebé ningú, però tampoc no deixem que els nens hi juguin. I prohibim també l'entrada de casa, el pati. Diem que pot molestar, crear problemes. Ja se sabia que els nens sempre en creaven, de problemes. I no hi havia el costum de denunciar la família per haver trencat un vidre. Se'n comprava un de nou i es deia «No passa res, són nens». Això ha de tornar. Estic demanant responsabilitat als alcaldes perquè crec que són els garants de la convenció dels drets de la infància. Els nens no tenen sindicats, no tenen advocats. Qui els representa? Crec que ho ha d'assumir l'alcalde. Ha d'explicar als adults que no poden posar cartells de prohibició, que han de poder jugar.

Una bona iniciativa.

A Roma vam tenir una experiència interessant. El Consell de Nens, del qual jo era el responsable, va descobrir que en el reglament de la policia municipal de Roma hi havia un article, el 6, que deia que als llocs públics s'hi prohibia jugar. Era absurd. Ho vam analitzar, discutir, i vam escriure una carta a l'alcalde per dir-li que el reglament estava equivocat. I tenim una convenció dels drets del nen, amb un article 31 que diu que hem de dedicar-nos a jugar, per tant, no se'ns pot prohibir fer-ho en un lloc públic. Els llocs públics són els llocs on s'exerceixen els drets. Només en una dictadura es prohibeix la reunió de més de tres persones. I l'alcalde, Walter Veltroni, un polític de les files del Partit Comunista, ens va contestar dient que teníem raó, que no se n'havien adonat. El més curiós és que les multes ja eren en euros. Havien adaptat la norma i el preu, però no se n'havien adonat. Un any de feina i al final ho van canviar. I van escriure «Respecte a l'article 31 de la convenció dels drets de la infància, l'Ajuntament de Roma afavoreix el joc dels nens a l'espai públic». I no demanàvem tant, demanàvem que no es prohibís. Van fer de més.

I després?

Després no s'ha fet res. Van dir d'afavorir el joc però no van dir com ho farien. A Pontevedra sí que s'està abordant el tema. Si dissenyem els carrers d'una altra manera serà més fàcil que els nens puguin sortir. Si apliquem la multa a qui no respecti la prioritat dels vianants als passos zebra, també. A Itàlia no s'aplica mai, i això vol dir que l'única norma de respecte als vianants i als nens no s'aplica. Seria com acceptar que del semàfor vermell en fem cas només a vegades. Seria un desastre, i això mateix val per als passos de vianants. A Itàlia el vianant ha d'esperar que no hi hagi cotxes. I això vol dir que ha renunciat als seus drets. El que ha fet Pontevedra ho cito amb gust perquè demostra que una ciutat pot fer-ho. Pontevedra té una natalitat més alta que altres ciutats. Anxo [Miguel Anxo Fernández Lores, del BNG] és alcalde de Pontevedra des de fa anys. Saps millor que jo que allà domina la dreta i està guanyant les eleccions, tot i haver fet un canvi pel qual els cotxes són els perjudicats i no hi ha lloc per aparcar, perquè la gent ho aprecia. Ell és metge, i per això dóna valor a aquestes coses. Va avaluar que un de cada dos vianants que atropellen a 50 km/h mor. A 30 km/h, un de cada vint. Hi ha diferència. I que un alcalde abordi això em sembla meravellós.

Dius que fer una ciutat més amable per a les criatures és fer una ciutat millor per a tothom.

Això ho vaig aprendre pensant en les dones. Totes les batalles que han lliurat per millorar la seva condició han millorat el món. I si val per a elles també valdrà per als nens. Una ciutat que assumeixi el rol de solucionar els problemes de la infància i adequar-se a les seves necessitats serà una ciutat millor. I hi ha encara més. Les propostes dels nens són molt semblants a les dels científics i s'allunyen molt de les dels polítics. Tornem al tema del sentit comú. Les coses més banals són les més comunes. Hi ha una anècdota simpàtica. Una nena va escriure a un alcalde del nord d'Itàlia per dir-li que els bancs que havien posat al jardí de jocs estaven posats al revés, mirant cap a dins, de manera que quan ella hi anava a jugar, i l'acompanyava l'avi, ell se la mirava, cosa que la feia posar nerviosa. A ell tampoc li agradava perquè, com que era tafaner, volia mirar cap al carrer. És interessant perquè denuncia un lloc on els nens van a jugar vigilats. Volia dir que no només els bancs estaven al revés sinó que eren espais *innaturals*.

Anem creant espais vigilats i tancats per guardar-hi els nens.

I normalment són amb reixes, tancats i vigilats per altra gent. A vegades hi ha claus. S'estan fent coses estranyíssimes, pensant que els nens hi van a divertir-se. Sembla que aquests adults que ho construeixen, els administradors i els projectistes, mai no hagin estat nens.

I fins i tot el futbol es converteix en una activitat amb escoles.

Estudiar un esport significa que un de cada deu mil segueix i arriba a ser algú. La resta odiaran aquell esport tota la vida. Passa el mateix amb el piano i amb el que sigui. Proposar aquestes experiències de plaer i creativitat com un estudi significa obligar la gran majoria de nens a odiar-les. I no s'entén per què un pare ha de fer això. Normalment es proposa als nens que triïn. I si ho ha escollit es converteix en un deure. Aleshores hi ha nivells, exàmens i competició.

Recordes quan i com et vas convertir en defensor dels nens?

Quan vaig començar, fa cinquanta anys, em vaig dedicar a l'educació de nens. I com més avançava més baixava l'edat dels nens. La millor escola del món a Itàlia era la d'infantil. Això em va despertar l'interès per la infància, i quan vaig començar, el 1991, a pensar en la ciutat de la infància estava treballant en un aspecte que era la solitud de la criatura, que jo definia com una malaltia moderna dels països rics. Era una situació dramàtica, perquè no tenien companyia dins de casa, ni podien sortir a buscar-la. Em va semblar que la societat hi responia de dues maneres: comprant més i protegint-lo. Pel que fa a la primera, la indicació als pares era que hi havia productes que ajuden la criatura a viure sola i contenta: la televisió, els ordinadors... I pel que fa a la segona es va passar a acompanyar-lo sempre. Amb l'alcalde de Fano dèiem que no havia de ser així. No és un problema privat. És un problema públic, polític. Hem de pensar una ciutat on els nens puguin sortir sols.

Has promogut la ciutat dels nens.

No s'ha avançat gaire, en això. A Pesaro, a prop de Fano, des del 2001 s'està fent una experiència d'autonomia dels nens: d'anar sols a l'escola. I cada dia hi ha dos mil nens que es mouen sols per anar-hi. I en una enquesta de fa anys es demanava a la policia municipal de comptar quants accidents hi havia hagut amb els nens que anaven sols en comparació amb els que anaven en cotxe amb els pares. Dels primers no va sortir cap accident en vuit anys. Demostra que els nens són capaços de cuidar-se. Nens, nenes, tontos i llestos, no van a parar a sota un cotxe, no els rapten, no els violen. En el cas dels nens que anaven en cotxe amb els pares, i hi va haver nou accidents. El més segur per a un nen és anar sol.

Si dónes confiança a un fill i el deixes anar sol, et respon amb la seva responsabilitat.

Recordo, en un poble del centre d'Itàlia, un nen petit que m'explicava que quan era encara més petit anava a casa la seva àvia. L'àvia li va dir que hi anés sol. I quan el nen li va preguntar qui el cuidaria, l'àvia li va respondre que la gent.

Aquest és l'autèntic sentit. La majoria de nosaltres pensa que la gent és enemiga.

Parlem del Frato, el teu àlter ego, el dibuixant d'acudits. L'humor t'ha estat molt útil. Si fas riure algú, te'l pots emportar on vulguis.

Sí, fa riure sobre el món de l'escola, que no és fàcil. Quan una persona riu està en un moment de debilitat molt fort. Especialment si immediatament s'adona que riu d'ell mateix. En aquest moment ens enfadem, ens en anem i ens indignem, o ens commovem. I és un moment emocional. Les vinyetes poden ser importants per això.

Ets optimista? Si ens veiem d'aquí a deu anys, hi haurà més ciutats dels nens o no?

L'esperança és que no siguin dels nens perquè ja siguin de tothom. El que em preocupa més és que aquest projecte està molt connectat amb mi. I no puc continuar-lo tota la vida. La meva vida acabarà, ja sóc bastant gran. I el que noto és que després de vint-i-cinc anys continuen apuntant-s'hi llocs nous, però cal lideratge. Vinc d'un viatge a Istanbul on em vaig trobar amb trenta o quaranta administradors que volien conèixer el projecte. Potser es crearà una petita xarxa de ciutats a Turquia. Hi ha cinc ciutats del Líban que es van adherir al projecte.

Et prenen seriosament?

A Itàlia no tinc la força que tinc aquí. No dic que no em considerin gens, però estic en un institut del consell nacional d'investigació i no he aconseguit crear un grup de treball suficient. Sóc un investigador atípic. No publico en anglès, dibuixo i m'ocupo dels nens.

Agraïments

Agraeixo molt als onze entrevistats la seva generositat. A alguns d'ells, com Eva Bach, Jaume Cela, Jaume Funes, Maria Jesús Comellas i Gregorio Luri, els agraeixo a més la fidelitat i paciència amb què m'han anat ajudant i acompanyant en els meus projectes vinculats a l'educació, sobretot a *Eduqueu les criatures* de Catalunya Ràdio o el suplement *Criatures* de l'*Ara*. I a Carme Thió, la primera que vaig conèixer, li dono les gràcies per ser qui més em va animar a desdramatitzar l'educació i a viure-la amb alegria a casa. A partir d'aquí, vaig trobar la moral per incorporar aquest discurs a la meva feina. No oblido una de les primeres professionals que em va donar suport anímic i em va facilitar bons contactes des que vaig gosar combinar el periodisme amb l'educació: la Montserrat Anton.

Coordinar aquestes converses amb la meva activitat hauria estat impossible sense Estrella Morales i Gemma Garcia, dues persones fantàstiques que fa anys que m'alegren la feina i em faciliten la vida. He tingut la sort que Lídia González, Andreu Merino i Frederic Muniente m'han ajudat a transcriure aquestes converses tan llargues i sucoses. I que les editorials en les quals publiquen els entrevistats m'han donat totes les facilitats.

Celebro que l'aventura que vam començar amb Montse Ingla i Antoni Munné, els editors d'Arcàdia, quan vam publicar *Entendre el món amb onze pensadors contemporanis*, tingui continuïtat en aquest segon volum, i ja començo a pensar en la tercera criatura que podríem portar al món plegats.

I, finalment, el més important. Res del que m'ha transformat tant en els últims vint anys hauria estat possible sense els meus quatre fills. Ni sense la mare que els ha parit.

Índex